máxima autoestima

Si este libro le ha interesado y desea que lo mantengamos
informado de nuestras publicaciones, escríbanos indicándo-
nos qué temas son de su interés (Astrología, Autoayuda,
Naturismo, Nuevas terapias, Espiritualidad, Tradición,
Qigong, PNL, Psicología práctica, Tarot...) y gustosamente lo
complaceremos.

Puede contactar con nosotros en
comunicacion@editorialsirio.com

2ª edición: abril 2009

Título original: MAXIMUM SELF-ESTEEM
Traducido del inglés por Francisco Bermejo
Diseño de portada: Editorial Sirio.

© de la edición original
 1993, Jerry Minchinton

© de la presente edición

EDITORIAL SIRIO, S.A.	EDITORIAL SIRIO	ED. SIRIO ARGENTINA
C/ Panaderos, 14	Nirvana Libros S.A. de C.V.	C/ Paracas 59
29005-Málaga	Camino a Minas, 501	1275- Capital Federal
España	Bodega nº 8 , Col. Arvide	Buenos Aires
	Del.: Alvaro Obregón	(Argentina)
	México D.F., 01280	

www.editorialsirio.com
E-Mail: sirio@editorialsirio.com

I.S.B.N.: 978-84-7808-637-5
Depósito Legal: B-17.594-2009

Impreso en los talleres gráficos de Romanya/Valls
Verdaguer 1, 08786-Capellades (Barcelona)

Printed in Spain

Jerry Minchinton

máxima
autoestima

editorial **S**irio, s.a.

NOTA:

Si quieres mejorar tu autoestima sin recurrir a un profesional, a la terapia o a otro tipo de ayuda externa, este libro puede ayudarte. Pero si tienes un problema emocional o psicológico grave, te animo a que consultes a un experto. Esta obra no pretende reemplazar ni ser un sustituto de los profesionales ni de la psicoterapia.

Agradecimientos

Este libro ha ganado mucho gracias a la ayuda de personas muy ocupadas que, a pesar de tener gran cantidad de asuntos propios, aceptaron generosamente ofrecerme sus críticas y sus sugerencias. Estoy en deuda con mi socio y amigo de toda la vida Clif Bradley, que siguió este proyecto de cerca desde el principio y leyó pacientemente más borradores del libro de los que nadie debería haber leído jamás. Mi agradecimiento a Jean Names y Stacy Gilbert, dos personas maravillosas para las que se inventó la palabra *apoyo*, y que me aportaron su comprometido punto de vista, su sabiduría creativa, su consejo y su sentido del humor. Gracias a John Moore, cuyas observaciones me convencieron para revisar mi opinión en ciertos puntos clave. También estoy en deuda con Suzanne Sutherland, del politécnico Mountain Home Technical College de Arkansas, no sólo por su valiosa ayuda editorial, sino también por su contagioso entusiasmo.

Prólogo

Empecé a interesarme por la autoestima cuando mi socio y yo decidimos usarla como base para una prueba de contratación de personal. Me di cuenta de que *en todos los casos, la baja opinión de uno mismo se debía a un conjunto de creencias erróneas.* Si esto es así, la forma más directa de mejorar la autoestima será aprender y aceptar creencias *correctas* en lugar de las incorrectas.

Si esto parece demasiado fácil, es porque tenemos muy poca fe en las soluciones simples y sin complicaciones a los problemas psicológicos. Preferimos que sean arduas y complicadas. Pero al fin y al cabo, ¿qué *es* la baja autoestima? Es la creencia de que somos inherentemente inútiles. Y si una baja autoestima es cuestión de creencias, también debe de serlo una alta autoestima.

Como señaló el doctor Albert Ellis hace más de treinta años, las creencias y las ideas irracionales nos impiden comportarnos de forma psicológicamente sana. *Máxima autoestima* desvela nuestras creencias sobre nosotros mismos, sobre nuestras relaciones y sobre la vida en general. Estas falsas ideas, al provocar que no nos gustemos, tienen un efecto devastador sobre nosotros y sobre cada faceta de nuestras vidas. Este libro explora esas creencias, indaga su origen, explica cómo provocan que nos tengamos en baja consideración y presenta creencias *correctas* que refuercen nuestra autoestima, para reemplazar a las que nos dañan.

Quien dude de la importancia de la autoestima sólo tiene que leer un periódico. Ahí descubrirá cada vez más vandalismo, fraudes, robos, atracos, violaciones, abuso infantil, violencia de género, asesinatos, crímenes por odio y genocidio (ahora denominado «limpieza étnica»), junto a muchos otros sucesos cruentos y sin sentido que se han vuelto alarmantemente habituales. *Éstas no son acciones de gente que se guste a sí misma.*

La solución a muchos problemas, ya sean personales, nacionales o globales, radica en mejorar nuestros sentimientos hacia nosotros mismos, como individuos y como parte de la sociedad. Cuando la importancia de una autoestima alta se entienda mejor y alcance la relevancia que merece, empezará una transformación. Las personas de este planeta, al descubrir que son merecedoras de respetarse a sí mismas, respetarán automáticamente a los demás.

***

Introducción

El origen de la mayoría de los problemas de la gente está en que han aceptado ciertas afirmaciones erróneas como correctas, y se comportan como si fueran correctas. Por principio, *no aceptes* **nada** *como verdad, incluido lo que leas en este libro, hasta que puedas comprobarlo por ti mismo.* Mantén un sano escepticismo. Toma las ideas de este libro sólo como hipótesis de trabajo. Examínalas con lógica. Piensa en ellas. Ponlas a prueba. Ponlas en práctica. Luego, *basándote en tu propia experiencia,* decide si son verdaderas o no.

Una aclaración

Las palabras «padre» o «padres» las empleamos siempre para referirnos a los tutores y figuras de autoridad que desempeñaron un papel importante en nuestra temprana infancia y que fueron los responsables de forjar nuestras ideas sobre el mundo y sobre nosotros mismos. Pueden ser nuestros padres biológicos, pero también hermanos, hermanas, otros parientes, padres adoptivos, padrastros, maestros, y cualquiera que haya ejercido una poderosa influencia sobre nosotros.

Cómo usar este libro

Si quieres mejorar tu vida, sé receptivo a las ideas que encontrarás aquí. Su objetivo es eliminar las causas de una baja autoestima, además de sus síntomas. Sin embargo, para que funcionen, tienes que ponerlas en práctica y aplicarlas a tu vida. Como los resultados dependen sobre todo de tu propio esfuerzo, nadie puede frenarte, el ritmo lo decides tú.

Sé totalmente honesto contigo mismo. Puede que descubras cosas sobre ti que no te gusten. Si es así, ten siempre presente que afrontarlas es la única manera de empezar a mejorarlas. A menos que estés dispuesto a admitir que hay cosas que funcionan mal en tu vida, no intentarás arreglarlas. Cuando encuentres aspectos desagradables sobre ti mismo, no te castigues por ello, simplemente reconoce que existen.

Puede que sientas que dar la espalda a algunas de tus viejas (aunque incorrectas) creencias es como negar a un viejo amigo. Te puede parecer, como me pareció a mí, que al dejar atrás opiniones y creencias que has mantenido durante mucho tiempo abandonas partes importantes de ti mismo, y que ya no serás la misma persona. En cierto modo es cierto, pero una vez desaparecen las creencias erróneas, no tendrás sensación de pérdida, sino un gran sentimiento de alivio.

No confundas el conocimiento *intelectual* con el conocimiento *práctico*. Puede que al leer algunas de las ideas del libro pienses «bueno, eso ya lo sé». Ten en cuenta que la aceptación mental no es lo mismo que una creencia real. Muchas veces aceptamos ideas a nivel intelectual porque son lógicas, pero no conseguimos aplicarlas a situaciones de la vida real. A menos que nuestras acciones cotidianas corroboren que las hemos aceptado, puede que no sea así. Si al leer el libro encuentras alguna creencia errónea que actualmente consideras equivocada, tal vez tiendas a pasar por alto la parte o el capítulo que trata de ella. Sin embargo, antes de saltártela, pregúntate si tus acciones demuestran —*sin lugar a dudas*— que no te afecta.

Y sobre todo, has de estar dispuesto a cambiar. Siempre somos reacios a los cambios, aunque sepamos que mejorarán nuestra calidad de vida. Tendemos a pensar que nuestros gustos, aversiones, hábitos, patrones de palabra y pensamiento... ya los teníamos al nacer.

En realidad, nuestra personalidad se desarrolla poco a poco y sigue cambiando durante toda la vida. Nos guste o no, estamos sujetos a una continua transformación. Y dado que los cambios son inevitables, ¿por qué no elegir aquellos que mejoren nuestra vida?

No te desanimes si no tienes éxito. Tendemos a olvidar que la mayoría de los éxitos van precedidos de unos cuantos *no* éxitos. En vez de tomártelos como fracasos, considera las situaciones que no resulten a tu gusto fuentes de *información*. No fallamos, simplemente descubrimos lo que funciona y lo que no. Esto no es palabrería para hacer que te sientas bien, la vida realmente funciona así. Piensa en ti mismo como en un misil teledirigido apuntado hacia el éxito; aunque tu objetivo pueda esquivarte un tiempo, alcanzarlo es sólo cuestión de ajustar gradualmente tu trayectoria hasta que por fin des en el blanco.

Una mejora en algún área de tu autoestima produce una especie de «efecto dominó» en otras. No importa por dónde empecemos a cambiar, cada éxito hace más fáciles los siguientes.

Aviso: antes de poner en práctica los principios contenidos en este libro, te aconsejo que medites cuidadosamente cómo pueden afectar a tu vida en el momento actual. Incluso las herramientas más beneficiosas pueden ser dañinas si se usan inadecuadamente o sin calibrar las consecuencias.

Cómo conseguir que este libro te funcione

Es importante leer los conceptos varias veces, porque eso convierte sus ideas en familiares y cómodas. Puedes elegir un capítulo diferente cada día o repetir el mismo hasta que estés familiarizado con él. Descubrirás que el hecho de repasar a menudo las ideas que contiene este libro te ayudará enormemente.

Haz de lo que leas parte de tu día. Toma nota o subraya los puntos esenciales para poder refrescarte la memoria a lo largo de la jornada. Piensa en ellos a menudo y busca situaciones que ilustren cómo afectan a tu vida y a la de los demás.

Haz los ejercicios que encontrarás al final de la mayoría de los capítulos. Su objetivo es ayudarte a conseguir un conocimiento funcional de los principios e ideas que mejorarán tu autoestima. Dado que muchos requieren que escribas, puede que te sea útil usar una libreta.

Si lees este libro y pones sus principios en práctica tu vida dará un cambio radical para mejor. El mundo te parecerá un lugar más agradable y te sentirás más relajado, más a gusto y más feliz. Recuerda: de todos los juicios que formulamos en nuestra vida, los que emitimos sobre nosotros mismos son, con diferencia, los más importantes.

1 Lo primero es aprender a aceptarnos

CREENCIA ERRÓNEA:

Tengo tantos defectos y tantos aspectos en los que soy peor que los demás que mi valor como ser humano es muy escaso.

Nos cuesta mucho aceptarnos tal y como somos, nos criticamos y nos exigimos demasiado. Nos tomamos a nosotros mismos tan en serio que, en vez de reírnos de nuestros fallos, nos sentimos humillados. Errores que pasamos por alto fácilmente en los demás parecen imperdonables cuando los cometemos nosotros. Nos enfadamos, nos sentimos violentos, asustados, culpables y avergonzados de lo que hacemos. Pero ¿qué es lo que creemos que hay de malo en nosotros? ¿Por qué nos tratamos con tanta dureza? ¿Somos tan horribles como creemos, o puede ser que estemos afrontando las cosas de forma equivocada?

Hacemos que los problemas parezcan peores de lo que son

Intentamos imaginar cómo nos ven los demás

Uno de los mayores obstáculos para la autoaceptación es nuestro continuo esfuerzo por imaginar cómo nos ven los demás. Al creer que es importante mantener una cierta imagen y dar una impresión favorable, exageramos y aumentamos de forma desproporcionada nuestros problemas al preocuparnos en exceso por las opiniones ajenas. A menudo intentamos de forma frenética imaginar qué piensa exactamente la gente sobre algo que hemos hecho o dicho.

¡Qué pérdida de tiempo y de energía! Hay pocas cosas más inútiles que intentar adivinar cómo nos ven los demás. Cuando nos tiente hacerlo, hagámonos algunas preguntas: ¿son sus opiniones más importantes que las nuestras? Por supuesto que no, y si creemos que lo son, entonces pensamos mejor de ellos que de nosotros mismos. ¿Es realmente tan importante lo que piensen los demás? No, a menos que ellos tengan algo que nosotros queramos, y nos convenga que piensen bien de nosotros para poder conseguirlo. ¿Son las creencias de otros sobre nosotros más certeras y objetivas que las nuestras? Probablemente no, porque su punto de vista de la realidad es tan parcial como el nuestro, sólo que diferente.

Preocuparse por la opinión de los demás es improductivo: no supone ningún beneficio, sólo mucha angustia. Al imaginar cómo verán los demás nuestros defectos, los magnificamos más allá de toda proporción y los hacemos parecer más importantes de lo que lógicamente pueden ser. Mientras nos afanamos en intentar imaginar lo que piensan los demás de nosotros, ellos estarán preguntándose precisamente qué pensamos *nosotros* de *ellos*.

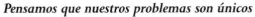

Pensamos que nuestros problemas son únicos

Nos hemos convencido de que nuestras faltas y nuestros defectos son únicos: que somos peores, o que nos va peor que a otros, que nadie más entiende por lo que estamos pasando. A pesar de su engañoso parecido con la humildad, esta idea es precisamente una forma particularmente disimulada de egoísmo. En realidad, nuestros problemas no son en absoluto únicos; son tan comunes como un resfriado. Creemos que sólo sufrimos nosotros simplemente porque estamos menos familiarizados con los pensamientos de los demás que con los nuestros. En gran medida, los demás son exactamente como nosotros; tienen el mismo tipo de necesidades y deseos. Y por tanto, hay muchas probabilidades de que tengan el mismo tipo de experiencias y problemas que nosotros. Si nuestras dificultades parecen únicas es porque pasamos mucho tiempo pensando en ellas.

Nos culpamos demasiado

Cuando nuestra autoestima es baja, nos castigamos por todo, incluso por ser como somos. Si, por ejemplo, aparecen problemas en una relación, en lugar de pensar en el papel que han podido desempeñar los demás en crearlos, asumimos que todo es culpa nuestra. Si, además, la autoestima de las otras personas implicadas no les permite admitir que se han equivocado, les parecerá estupendo que aceptemos la culpa y reforzarán esa idea. Si nos acostumbramos a pensar de esta forma distorsionada, acabaremos disculpándonos por todo, incluso por existir.

Un ejemplo personal: una mañana, hablando con un amigo, noté que discrepaba frecuentemente con él. Él también se dio cuenta y, enfadado, me acusó de no estar de acuerdo con nada de lo que decía. Avergonzado, me di cuenta de que era cierto. Cuando estaba a punto de disculparme, tuve un momento de lucidez: *era* verdad que expresando puntos de vista contrarios había estado en desacuerdo con él. Sin embargo, ésa no era razón para sentirme culpable: estaba en mi *derecho* de tener puntos de vista contrarios. Si yo era culpable de estar en desacuerdo, ¡él era tan culpable como yo por mantener puntos de vista contrarios a los míos! Aceptar la culpa en situaciones como ésta puede librarnos de la presión momentáneamente, pero perpetúa los problemas, en lugar de resolverlos.

Nuestro crítico interior

A veces parece que hubiera otra persona viviendo dentro de nosotros, una compañía constante que comenta continuamente todo lo que hacemos. No es una «tranquila y débil voz» que nos guía y nos inspira, sino una voz fuerte y contestona, negativa, enjuiciadora y acusadora. Como esta voz dedica la mayor parte del tiempo a encontrar fallos, podemos llamarla nuestro *crítico interior.*

No tiene existencia real, por supuesto; sólo estamos hablando con nosotros mismos. Pero cuando nos hablamos como crítico interior, los pensamientos que expresamos no son nuestros, sino de las figuras autoritarias de nuestra niñez. Las críticas que escuchamos pueden provenir originariamente de un padre perfeccionista, de un profesor demasiado exigente o de un cura demasiado entusiasta. Para la mayoría de nosotros, es una combinación de personas. Sea cual sea su origen, hasta que nos hacemos conscientes de su efecto destructivo, tendemos a aceptar sus críticas como válidas. Recordando esas voces del pasado, nuestro crítico interior ha creado un conjunto de valores imposibles, ideales inalcanzables e irracionales exigencias de perfección. Cuando no estamos a la altura de ellas (como muchas veces ocurre, debido a su naturaleza poco realista), el crítico interior señala con entusiasmo cómo, dónde y cuándo nos equivocamos, y nos dice lo imperfectos y estúpidos que somos.

Trabaja veinticuatro horas al día, ocupado siempre en minar la confianza en nuestras habilidades y debilitando cualquier sentimiento de valía que tengamos. Desde su punto de vista, nuestras debilidades son enormes y nuestras virtudes insignificantes. Comenta de forma negativa o sarcástica nuestros esfuerzos y nos desanima de intentar nada.

A veces la persistente voz del crítico se vuelve más callada y de hecho parece preocuparse por nuestro bienestar. Normalmente, esto ocurre cuando nos está advirtiendo de que no hagamos algo en lo que hemos estado pensando. Nos aleja de desarrollar nuestras habilidades, advirtiéndonos de que tengamos cuidado, de no llegar demasiado alto, no sea que fracasemos y nos sintamos infelices. Señalando que hemos fallado en el pasado y sugiriendo que lo haremos en el futuro, intenta convencernos de que incluso puede ser mejor no hacer el esfuerzo. De esta forma nos evitaremos muchas decepciones.

Esta perniciosa voz interior nos recuerda constantemente que no estamos a la altura de las circunstancias, que no somos lo suficientemente buenos, y que no lo seremos jamás. Cada vez que admitamos sus críticas como válidas, lo reforzamos y disminuimos las posibilidades de aceptarnos como somos. Con el crítico interior como amigo, no necesitamos enemigos.

Por qué no nos gustamos a nosotros mismos

Cuando nuestra autoestima es débil, exageramos nuestras imperfecciones; cualquier cosa que creamos que hacemos mal asume mucha más importancia de la que merece. A continuación vamos a ver algunas de las quejas sobre nosotros que hacen que nos sintamos inseguros, incómodos e indignos de amor.

«Soy inferior a los demás»

A fuerza de que nos compararan con los demás cuando éramos jóvenes, hemos desarrollado la *costumbre de la comparación*, que significa que nos comparamos continuamente con los demás y nos etiquetamos a nosotros mismos como «inferiores», porque no damos la talla. Vemos en la gente ciertos rasgos de personalidad, cualidades o atributos que nos gustan. Entonces nos miramos a nosotros y nos sentimos infelices porque no creemos tener esas deseadas características. Basándonos en la ausencia real o imaginaria de éstas, consideramos a los demás «más» que nosotros —más listos, más ricos, más atractivos, más deseados— y pensamos que nosotros somos «menos», no sólo en esas áreas en concreto, sino inferiores en nuestra valía como personas. Mediante este tipo de razonamiento nos demostramos a nosotros mismos que somos inferiores.

Cuando se compara a dos personas está claro que *alguien* tiene que perder, y si tenemos una mala opinión de nosotros mismos, seguramente seremos nosotros. Mirando al exterior, siempre encontraremos cualidades que los demás tienen y nosotros no, pero esto no se puede considerar un signo de inferioridad. Este tipo de comparaciones siempre son falsas porque no somos iguales. Somos individuos únicos con virtudes y defectos muy dispares. Dado que somos tan diferentes, comparar a una persona con otra es como mezclar «churras con merinas», más que a dos semejantes.

¿Tiene algún sentido compararnos con los demás? Por supuesto que no. La vida no es un concurso, así que no importa cómo quedemos al hacerlo. Lo que *sí* es importante es acabar con esa costumbre tan dañina. Para lograrlo, tenemos que recordar que no importa en qué basemos nuestra comparación, siempre habrá alguien que nos parezca mejor que nosotros y otros que nos parezcan peores. La idea es recordar que *nadie en el mundo nos supera en valor intrínseco*, todos somos igual de útiles y valiosos.

«No le gusto a alguna gente, así que debo de tener algún problema»

Alguna gente nos critica o ignora, o hacen cosas peores para demostrarnos que no les gustamos. Si nuestra autoestima es baja y recibimos su rechazo, lo interpretamos como una justificación para nuestros malos sentimientos hacia nosotros mismos. Pensamos erróneamente que el problema es nuestro y no de ellos. En vez de pensar que lo tienen *ellos* porque no les gustamos, dejamos que su actitud nos convenza de que lo tenemos *nosotros*. Intentar cambiar para gustar más a los demás no es la solución. Es ley de vida que no le gustemos a todo el mundo, especialmente a aquellos que disfrutan siendo desagradables. Generalmente, sin embargo, no es que no le gustemos a la gente por ser como somos, sino porque les recordamos partes de sí mismos que preferirían olvidar. La gente sólo odia cosas de los demás cuando reflejan algo que no les gusta de sí mismos.

¿Es importante gustarle a todo el mundo? No, a menos que estemos en un concurso de popularidad, no nos dan premios por gustar a la gente, ni nos hace mejores personas. Siendo realistas, no hay ningún motivo por el que debiéramos gustarle a todo el mundo, ni, de paso, por el que a nosotros nos tenga que gustar todo el mundo.

Debemos ser lo suficientemente generosos con los demás como para permitirles tener su propia opinión, aunque implique que sean libres para rechazarnos. Con alguna gente, la mejor forma de llevarse bien es no llevarse.

«He hecho cosas tan horribles que la gente me rechazaría si las descubriera»

Para presentar una acusación convincente contra nosotros mismos, tenemos que mostrar pruebas concluyentes que demuestren claramente nuestra falta de valor innato. ¿Y qué mejor que esas acciones que pensamos que escandalizarían a cualquier persona decente? Para reforzar la creencia de nuestra inferioridad intrínseca, nos recordamos de vez en cuando, muy vívidamente, ciertas acciones poco inteligentes de las que hoy nos arrepentimos. Para acompañar a esos recuerdos, volvemos a experimentar la misma vergüenza, humillación y desasosiego que sentimos y hemos seguido sintiendo desde entonces.

Sin embargo, hay dos lagunas importantes en este caso que hemos presentado contra nosotros mismos. Primero, cada uno le da un valor diferente al mismo acto; mientras puede que algunos se horrorizaran por algo que hayamos hecho, otros simplemente dirían: «¿Y qué?». Segundo, nos castigamos creyendo que nuestros secretos son peores o más despreciables que los de los demás. Excepto los niños demasiado pequeños para actuar por iniciativa propia, ¡no hay nadie en el mundo que no tenga secretos inconfesables y que no crea que los suyos son los peores! Nadie ha llevado una vida tan intachable que quiera exponerla al mundo con todo detalle.

«No me gusta mi aspecto»

Pocos creemos que tengamos buen aspecto tal y como somos, pensamos que hay algún problema en el cuerpo que vestimos. Examinamos cada parte cuidadosamente, catalogando aquellas que nos parecen defectuosas e ignorando las muchas que están perfectamente bien. Creemos que somos demasiado altos, bajos, gordos o flacos. O creemos que ciertas partes de nosotros, como nuestra nariz, ojos, pies, dientes o manos son demasiado grandes, pequeños, anchos, planos, irregulares o *demasiado* lo que sea. Imaginamos imperfecciones que no existen, o las exageramos más allá de toda lógica. Si pudiéramos aumentar nuestros ingresos del mismo modo que aumentamos nuestros fallos y puntos débiles, todos viviríamos en la opulencia.

¿Cómo de alto es *demasiado* alto? ¿Y cómo de bajo es *demasiado* bajo? Usar la palabra «demasiado» es una clara señal de que estamos jugando al famoso Juego de las Comparaciones. No podemos ser «demasiado» nada, a menos que nos comparemos con alguien. Palabras como «alto», «bajo», «hermoso» y «feo» no tienen significado absoluto; son simplemente términos que usamos para comparar una cosa con otra. Cualquiera puede sentirse inferior si se compara con modelos de belleza idealizados.

Cada uno de nosotros somos únicos en nuestra expresión física. Deberíamos celebrarlo, en vez de quejarnos. Si todos fuéramos iguales, sería imposible distinguirnos unos de otros, y nos perderíamos en la multitud. ¡Qué mundo tan terriblemente deprimente sería ése! Las diferencias externas no tienen importancia. Da igual cómo seamos por fuera, por dentro somos todos iguales.

«Soy diferente a los demás»

A algunos se nos ha inducido a creer que hay algo malo en que nuestro grupo étnico, religión o color de piel sea diferente al de la mayoría de los que nos rodean. O quizá crecimos en una familia con problemas, y creemos que los demás piensan peor de nosotros por ello. O quizá nuestra orientación sexual no es la misma que la de la mayoría de la gente de nuestro género, y nos sentimos diferentes e inaceptables. Puede que hayamos crecido en un barrio pobre o en un gueto y pensemos que eso se refleja en nuestra valía. Puede que tengamos una discapacidad mental o física y sintamos que los demás nos miran con condescendencia. Si estas cosas nos preocupan, no es por el hecho en sí, sino porque nos hace *diferentes de los demás*. Y probablemente ha sido el comportamiento de los demás hacia nosotros lo que nos ha hecho llegar a la falsa conclusión de que no ser como ellos nos hace menos valiosos.

¡Eso es totalmente falso! Da absolutamente igual si hay una cosa o mil que nos separe de los demás; ninguna de ella tiene el menor efecto sobre nuestra valía como persona. Que nosotros seamos de una manera y otros de otra no tiene importancia. No hay características, cualidades o atributos inherentes que hagan a nadie mejor o peor que otro. Cada uno de ellos es único y valioso como lo somos nosotros, incluyendo nuestras diferencias.

En vez de sentirnos mal por ser diferentes a los demás, deberíamos alegrarnos, porque si todos fuéramos iguales, la vida sería intolerablemente aburrida. Por tanto, respetemos nuestras diferencias y apreciémonos por ser individuos únicos.

«A veces mi cuerpo me pone en evidencia»

En lugar de ser algo en lo que podamos confiar, nuestro cuerpo parece fallarnos en los peores momentos posibles. A menudo es impredecible y en ocasiones hace ruidos que nos avergüenzan. A pesar de lo natural e inevitable de las funciones corporales, nos parecen tan asquerosas que incluso nos repugna pensar en ellas. Sudamos, pisamos a la gente, chocamos con cosas, se nos cae comida encima, nos ponemos enfermos, tenemos accidentes y envejecemos, por citar algunos de los problemas que probablemente nos ocurrirán.

Nuestra exasperación, sin embargo, no se debe tanto a que no podamos fiarnos de nuestro cuerpo como a lo que puedan pensar los demás de nosotros. Nos sumergimos tanto en nuestros problemas que olvidamos que los demás también son de carne y hueso como nosotros, y están sujetos a los mismos tipos de dolores y dificultades. En esto todos somos iguales, estar vivo es estar sujeto a limitaciones físicas. Todo el mundo, no importa el título que tenga, su estatus social o lo rico que sea, está sujeto a este tipo de situaciones.

«A veces no entiendo las cosas y me siento idiota»

A veces nos cuesta trabajo entender lo que nos está diciendo la gente. En lugar de preguntar (porque pensamos que nos haría parecer tontos) intentamos disimular y confiamos en que no se dará la situación que nos obligue a admitir que no lo entendemos. Este enfoque a veces funciona y a veces no. Cuando falla, acabamos sintiéndonos peor que si hubiéramos admitido nuestra ignorancia en su momento.

La *ignorancia* no es una palabrota o una enfermedad incurable, es simplemente una falta de información, una situación fácil de solucionar. Al ser tan diferentes unos de otros, y dado que nuestros entornos y experiencias son tan diferentes, es inevitable que unas veces otros parezcan más listos y otras veces nosotros más listos que ellos. No podemos esperar saberlo todo, y no tiene sentido llenar nuestra mente de grandes cantidades de información con la esperanza de que nos sirva algún día.

Cuando somos incapaces de entender lo que nos dicen los demás, nos culpamos. Pensamos que debe de ser un defecto nuestro lo que nos impide entender lo que nos dicen. Nunca es culpa nuestra si realmente intentamos entender y no lo conseguimos. No podemos esperar entender todo lo que nos digan, se nos explique como se nos explique. Cuando no somos capaces de entender algo, es responsabilidad de la otra persona explicárnoslo de forma que *podamos* entenderlo. Nunca está mal hacer preguntas o admitir que no lo entendemos. Lo que *está* mal es decir que *sí* entendemos, cuando no es verdad.

«Ofendo o disgusto a la gente por lo que hago o digo»

Hemos adquirido una serie de reglas y patrones irreales por los que se supone que debemos regir nuestras vidas. Estos principios poco prácticos e idealistas proceden de diferentes fuentes, como nuestra familia, amigos, maestros, iglesias y gobiernos. Debido a lo diverso de sus orígenes, en lugar de trabajar juntos de forma unificada, a veces entran en conflicto. La naturaleza contradictoria de estos preceptos hace que sea imposible cumplirlos todos, porque para seguir con unos tenemos que romper otros. No importa cuánto nos esforcemos, siempre habrá alguno que no podamos cumplir.

Si nos tomamos estas reglas en serio, todo el mundo ha hecho cosas que podamos considerar malas o pecaminosas. Sería mejor aceptar que no importa lo que hagamos, cómo lo hagamos o lo puro de nuestras intenciones, siempre habrá alguien, en alguna parte, que elija sentirse ofendido, enfadado o dolido por nuestro comportamiento. Para evitar el sentimiento de culpa, debemos recordar que en este contexto las palabras «mal» y «pecado» las usan principalmente individuos que, por motivos personales, quieren controlar nuestro comportamiento. Para mantener la perspectiva correcta debemos recordar que estas reglas y valores irreales sólo existen en la *mente* de la gente, no en el mundo real.

«No soy tan bueno, tan valioso, tan digno como los demás»

Tenemos el sentimiento de «no ser buenos» firmemente arraigado. Sabemos, en lo profundo de nuestro corazón, que no somos como los demás, completos y perfectos como parecen serlo ellos. Sentimos que no somos tan buenos, tan valiosos y tan merecedores de suerte como los demás; al contrario, somos malos, malvados, incompletos, indignos de perdón e inadecuados. Creemos que hay algo intrínsecamente malo en nosotros, o como me dijo un joven amigo una vez, que estamos «rotos». Nos sentimos incompletos, faltos de ciertas cualidades importantes que creemos que los demás sí tienen.

Cuando nos suceden cosas malas, como resultado de estos sentimientos de indignidad, las aceptamos con resignación, pensando que es lo que nos merecemos. No nos sorprende cuando las circunstancias parecen estar en nuestra contra porque pensamos que así son las cosas para la gente como nosotros. No importa lo que la mala suerte parezca fastidiarnos, asumimos que es inevitable. Si fuéramos más de lo que somos, mejor de lo somos o personas más valiosas, este tipo de cosas nunca nos ocurrirían.

Esta creencia errónea es posiblemente la más difícil de combatir porque está basada en «sentimientos» en vez de en hechos. Es un sentimiento de inferioridad no específico, una combinación de sentimientos de los que no podemos definir ninguno en concreto. Debemos enfrentarnos a esta creencia. ¿Qué es exactamente lo que nos falta? ¿Cuáles son los motivos específicos para pensar que somos inferiores? ¿Por qué pensamos que los demás son mejores que nosotros? Si examinamos este punto detenidamente, nos daremos cuenta de que nuestras razones para esta creencia no son válidas.

No somos insignificantes, inferiores o sin valor… solamente hicieron que nos sintiéramos así cuando éramos demasiado jóvenes para saber que no era cierto o para poder discutir el hecho. Así que se nos ha convencido tan bien de que somos inferiores que hemos olvidado cuestionar estas creencias incorrectas.

La verdad sobre nosotros mismos

En cuanto a valía personal, *nada* nos diferencia de los demás. Ninguna de estas quejas sobre nosotros mismos nos hace mejor o peor que nadie, sólo diferentes. No hay un criterio para medir la valía personal. Es más, no tenemos la obligación ni la necesidad de demostrarle nuestra valía a nadie, *ni siquiera a nosotros mismos*, nuestra sola existencia es prueba suficiente.

CONTRACREENCIA:

*Mi valía como ser humano no tiene ninguna relación con
quién o con qué soy, con mi apariencia, lo que he hecho o
pueda hacer, mi raza, religión, orientación sexual, color de
piel, mis éxitos o falta de ellos, mi pasado, ni cómo me vea
comparado con los demás.*

Por qué es tan importante la autoaceptación

Tenemos que dejar de ser tan duros con nosotros mismos.
Criticarnos, no gustarnos, o rechazarnos por ser como somos no
mejora las cosas, sólo hace que nos resulte más difícil aceptarnos y,
por tanto, conseguir los cambios que queremos. Vamos a intentar
una táctica diferente. En vez de ser tan estrictos, aceptemos nues-
tras faltas con buen humor, elegancia y comprensión. Aceptemos
también que tú y yo y todos los demás somos gente imperfecta que
difícilmente pasamos un día sin cometer algún error. Y lo que es
más importante, aceptemos que no hay ningún problema en ser así.
No es necesario crear una «nueva y mejorada» versión de nosotros
mismos como hacen tan a menudo los fabricantes de detergente.
Lo único que tenemos que hacer es aceptarnos incondicionalmen-
te y con amor, incluyendo nuestras faltas, defectos y demás.

¿Qué implican un amor y una aceptación incondicionales?
Quiere decir aceptar los hechos que nos conciernen sin aprobarlos
o rechazarlos. Quiere decir observar nuestros fallos con compa-
sión y comprensión. Quiere decir aceptar nuestras imperfecciones
y decir «sí, sé que esto lo hago mal, pero me gusto de todos
modos». Quiere decir ser capaz de perdonar, dejando atrás el pasa-
do para poder hacerlo mejor en el futuro. Quiere decir aceptarnos
totalmente, sin importar cómo o cuán diferentes seamos. Significa
decirnos «esto es lo que soy y quien soy, y me gusto». Por último,
significa comprensión con auténtico cariño y afecto hacia nosotros

mismos, aceptar que somos como somos porque, por lo menos por ahora, no podemos ser de otra manera.

Aceptarnos como somos no quiere decir que queramos *seguir siendo* como somos, puede que prefiramos cambiar. Si queremos cambiar, intentemos por todos los medios empezar a hacer las mejoras que consideremos necesarias, pero teniendo en cuenta que es más fácil cambiar si no nos presionamos. Descubriremos que algunos cambios los realizamos sin esfuerzo. Curiosamente, nos daremos cuenta de que la clave de un cambio positivo es aceptarnos con amor y sin condiciones.

AUMENTA TU CONCIENCIA

1) Haz una línea en el centro de un folio. En la columna de la izquierda, escribe algo que tu crítico interior te haya dicho durante los últimos días. Repítete el comentario e intenta identificar su origen. Seguramente descubrirás que la mayoría de sus comentarios provienen de una persona en concreto de tu niñez. Cuando hayas determinado quién te hizo el comentario la primera vez, escribe las iniciales de esa persona en el margen izquierdo junto al mismo.

Llama mentalmente a tu crítico interior por su nombre. Si, por ejemplo, uno de sus comentarios es que nunca tienes éxito en nada de lo que haces, en la parte derecha de tu folio, enfrente de su afirmación, escribe algo como «no es verdad» o «es mentira». A continuación escribe una lista de las cosas en las que *sí* hayas tenido éxito. No tienen que ser grandes logros, muchos nunca pintaremos la Monna Lisa, pero podemos pintar muy bien nuestra casa. *Cualquier cosa* en la que hayas tenido éxito, por trivial que sea, servirá, porque anula la afirmación de tu crítico interior.

Cuando hayas completado este proceso para uno de los comentarios, piensa en más y sigue el mismo con cada uno de ellos. Aumenta tu lista cuestionando cada afirmación y escribiendo tu respuesta junto a ella en la parte derecha del papel.

Cuando hayas acabado este ejercicio, guarda los folios que has usado en tu libreta. Así podrás consultarlos de vez en cuando y añadir otros comentarios negativos conforme te vayas haciendo consciente de ellos. Descubrirás que el mero hecho de poder identificar la fuente de estas aseveraciones eliminará parte de su poder. Cuanto más trabajes en identificar y rebatir esos comentarios dañinos, menos te afectarán.

Durante el día, si te das cuenta de que te habla la voz de tu crítico interior, llámalo por su nombre. Respóndele. Grítale mentalmente si eso te ayuda. No tienes que ser educado. Dile que te has dado cuenta de su juego y que te niegas a prestarle más atención. Cuando lleves un tiempo desafiando y rebatiendo los comentarios del crítico interior, su poder e influencia se debilitarán.

2) Siéntate o túmbate en una posición en la que estés relajado y cómodo, y asegúrate de que no te van a molestar en los próximos 15 o 20 minutos, pero ten cuidado de no relajarte demasiado y quedarte dormido. Ahora cierra los ojos y empieza a centrar tu atención en el flujo de pensamientos que pasa por tu mente. No inicies ninguna línea de pensamiento, sólo permanece atento a los que se producen de forma natural.

Te darás cuenta de que tiendes a distraerte y quedar atrapado en tus pensamientos, en vez de observarlos pasivamente. Esto es inevitable. No te culpes cuando ocurra. Simplemente deja de pensar activamente, relájate y retoma tu observación. Al observar los pensamientos que pasan por tu mente, notarás que algunos parecen triviales, o malvados, o dañinos, o egoístas. Tendemos a intentar negar o separar este tipo de pensamiento de nosotros. Se nos ha dicho que está mal tener ese tipo de ideas, que deberíamos ser más buenos, etc. No seas crítico con tus pensamientos, ni contigo por pensarlos. Este tipo de negación es dañina: al negar tus pensamientos, niegas una parte de ti. Sean cuales sean, los piensas por razones perfectamente lógicas, así que no hay motivo para pensar de otra forma. Permítete pensar lo que sea, sin importarte lo terrible que parezca, sin juzgarte o culparte.

El objetivo de este ejercicio es desarrollar una actitud de no enjuiciamiento de nosotros mismos. Al permitir que los pensamientos pasen por nuestra mente sin criticarnos por pensarlos, nos vamos aceptando cada vez más. Ser capaz de percibir nuestros pensamientos sin enjuiciarnos nos libera de gran parte de la presión y la culpa.

AFIRMACIONES

— *Siempre lo hago lo mejor que puedo.*

— *Soy maravilloso y valioso tal como soy.*

— *No hay problema en ser débil a veces.*

— *Soy tan importante y valioso como cualquiera.*

— *Siento ternura y amor por mí mismo.*

— *Nadie es más ni menos útil y valioso que yo.*

— *Acepto los hechos sobre mí mismo; no son malos ni buenos, simplemente son.*

— *Me niego a aceptar la culpa, ni por mí ni por los demás.*

— *Me amo y aprecio tal y como soy.*

— *Acepto mis sentimientos como parte de mí.*

— *Está bien tener los sentimientos que tengo.*

— *Mi valía como persona es independiente de cualquier hecho sobre mí.*

— *Estoy completo y satisfecho tal y como soy.*

La necesidad de aprobación

«¡Cuántos problemas se evita el que no se preocupa por lo que dice, hace o piensa su vecino, sino sólo por lo que hace él!»
MARCO AURELIO

CREENCIA ERRÓNEA:
Es importante que la mayoría de la gente me ame, que yo les guste y me aprueben.

Le damos mucha importancia a gustar

Es normal que consideremos importante que los demás tengan una buena opinión de nosotros. La idea de que debemos gustar se nos ha inculcado desde la infancia. Dado que la verdad de esta afirmación nos parece evidente por sí misma, no creemos que se pueda cuestionar. Cuando gustamos a los demás nos sentimos bien y nos gustamos a nosotros mismos; cuando no, tampoco nos gustamos a nosotros mismos. El razonamiento suele ir por estos derroteros:

1) Nos gusta sentirnos bien con nosotros mismos.
2) La opinión favorable de los demás hace que nos sintamos bien.

Por tanto:

3) Es importante que piensen bien de nosotros.

Además, sabemos por experiencia que nos sentimos bien cuando gustamos a los demás. Disfrutamos los elogios de la gente, aunque creamos que son inmerecidos. Nos deleita su aplauso. Nos regocija su aprecio y su reconocimiento. Nos morimos por ser aceptados, honrados y respetados, y por la misma regla de tres huimos de la censura, la culpa y el rechazo. Normalmente, cuanto mejor sea la opinión de los demás, más contentos estamos.

A pesar de este fuerte deseo de aceptación, no nos sirve la aprobación de cualquiera. Para que una opinión sea importante tiene que ser de alguien que consideremos mejor que nosotros en algún aspecto, gente que admiremos. La aprobación de aquellos que consideramos inferiores tiene poco valor porque creemos que nuestro juicio es superior al suyo.

Gustar tiene un precio

En principio, no parece en absoluto perjudicial querer gustar a los demás. Al fin y al cabo, ¿qué hay de malo en sentir que gustamos, que se nos ama y se nos aprecia? Nada. Ni hay nada intrínsecamente malo en hacer cosas para agradar a los demás, siempre y cuando nos agraden a nosotros. A veces, por el contrario, lo hacemos sólo porque queremos sus alabanzas y gratitud. Incluso tenemos que sacrificar nuestra integridad para lograr gustar a los demás. Cuando nuestra motivación primaria es conseguir la aprobación de otros, querer que nos quieran, todo es menos inofensivo.

Desventajas de querer la aprobación de los demás

La gente no suele pensar bien de nosotros porque así lo queramos sino que, más probablemente, tendremos que ganarnos su buena opinión comportándonos de forma que ellos nos aprueben. Por tanto, perdemos la libertad de vivir como queramos cuando decidimos que es importante que alguien piense bien de nosotros, porque normalmente sólo obtenemos una buena opinión de alguien a cambio de nuestra libertad personal. Cuanto más valoramos la opinión de alguien, más nos ponemos bajo su control.

Cuando consideramos muy importante la opinión de alguien:

– **Tenemos que preocuparnos por cómo reaccionará la gente ante lo que digamos.** Intentar que alguien mantenga su buena opinión sobre nosotros es como andar sobre cristales rotos: hay que tener mucho cuidado. Tenemos que elegir cuidadosamente nuestras palabras, intentando recordar qué ofende a quién. Como algunas de nuestras ideas pueden parecerle reprobables a la gente, no tenemos libertad para decir lo que pensamos. Escondemos nuestros verdaderos sentimientos porque expresarlos puede acarrear que los demás piensen mal de nosotros.

– **Hemos de vivir con las reglas, valores e ideas de lo correcto e incorrecto de los demás.** Para seguir gustándole a los demás, tenemos que ignorar nuestros propios deseos y preferencias, y modificar nuestro comportamiento para cumplir sus expectativas. Esto quiere decir que, independientemente de cómo nos sintamos, tenemos que evitar ciertas acciones porque la gente no las aprueba y hacer otras cosas solamente porque ellos piensan que debemos hacerlas. En resumen, tenemos que preocuparnos más por cómo nos ve la gente que de ser nosotros mismos.

– **Tenemos que intentar dar una buena impresión.** Para crear la imagen correcta, intentamos vestirnos a la moda, que se nos vea con la gente adecuada, vivir en el barrio adecuado, tener el coche adecuado, el trabajo adecuado y vivir el tipo de vida adecuada. Tomamos las decisiones como si la gente nos estuviera observando por encima del hombro para aplaudirlas o criticarlas. Medimos la importancia de nuestros logros no por su valor para *nosotros*, sino por el valor que creemos que puede tener a ojos de los demás.

– **Somos fáciles de manipular.** Cuando le damos demasiada importancia a la opinión de los demás, caemos fácilmente en actividades que preferiríamos evitar. A veces nos manipulan amenazando con retirarnos su aprobación si no hacemos lo que ellos quieren, y otras dándonos una palmadita en la espalda y elogiando nuestros logros. Como damos más importancia a agradar a los demás que a nosotros, a menudo tenemos que olvidar nuestros sentimientos y necesidades personales a favor de los suyos. Como algunos son demasiado quisquillosos y exigentes, a veces soportamos un gran nivel de incomodidad para seguir gustándoles.

– **Sufrimos un gran desgaste emocional.** Inevitablemente, la preocupación por la opinión de los demás nos hace emocionalmente vulnerables. Al darle tanta importancia a su aprobación, dejamos que sus comentarios influyan en lo que sentimos por nosotros mismos. Nos sentimos importantes cuando los demás nos dicen que lo somos y prescindibles cuando no lo hacen. Desear los elogios de los demás nos hace susceptibles a sus acusaciones. Como sólo somos felices cuando la gente piensa bien de nosotros, cuando mueren, se mudan o dejamos de gustarles, lo pasamos fatal.

— **Nos sentimos avergonzados, incómodos o acomplejados.** Cuando damos importancia a la opinión de los demás, pasamos mucho tiempo preocupándonos por lo que piensan sobre nuestro peinado, ropas, modales en la mesa, cómo conducimos, cómo nos comportamos y demás. Esta excesiva preocupación es muy perjudicial. Cuando estamos preocupados por qué estarán pensando de nosotros los demás, estamos tensos y no podemos prestar toda nuestra atención al trabajo que tenemos entre manos. Por ejemplo, tenemos miedo al público sólo porque estamos más preocupados de la impresión que estamos dando a la audiencia que de informarla o entretenerla.

Por qué buscamos la aprobación externa

Está claro que preocuparse excesivamente por ganar la aprobación de los demás no es lo que más nos conviene, porque conseguirla sale demasiado caro. ¿Por qué, entonces, intentamos tan desesperadamente gustar a los demás? Aunque suene raro, buscamos la aprobación de los demás porque no nos aprobamos a nosotros mismos.

Aprobarse a uno mismo es primordial para nuestra existencia. Sin una buena opinión de nosotros y el sentimiento de valía personal que ésta genera, acabamos perdiendo el deseo de vivir. Lo ideal sería suministrarnos nuestra propia aprobación, pero cuando no nos gustamos lo suficiente, es imposible. Esto nos deja sin más alternativa que buscar la aprobación de los demás. Entonces, si les gustamos a *ellos*, nos aprobamos y desarrollamos un sentimiento de valía personal.

Por qué no nos ayuda la aprobación de los demás

A primera vista, ésta parece ser una solución aceptable porque si gustamos a los demás, nos sentimos bien con nosotros mismos. Sin embargo, depender de la consideración de los demás tiene serias desventajas. En primer lugar, es temporal; tiene que ser continuamente renovada y repuesta. Segundo, nunca es suficiente para satisfacernos; siempre queremos más. Tercero, aunque la sociedad nos anime a creer que la aprobación de otros puede sustituir a la nuestra, no es así; creer esto es como creer que lo que cene otro me alimentará o que el sueño de esa persona me hará descansar.

La consecuencia más seria de esta creencia, sin embargo, es el daño que provoca a nuestra autoestima; si creemos que la aprobación de otros es esencial para nuestra propia aprobación, ¡nos ponemos en la ridícula posición de tener que pedirle a los demás permiso para gustarnos a nosotros mismos! Dándole tanta importancia a la aprobación de los demás, *les damos* la responsabilidad de nuestra autoestima en lugar de tenerla nosotros mismos. Paseamos nuestra necesidad de aprobación como el que pasa la gorra, esperando que la gente eche lo suficiente para cubrir nuestras necesidades. De hecho, decimos: «Por favor, quiero gustarle porque si no, no me gustaré a mí mismo».

La verdad sobre la necesidad de aprobación

A fuerza de necesitar la aprobación de otros para proporcionarnos un sentimiento de aprobación *personal*, nos hemos convencido a nosotros mismos de que su opinión favorable es esencial. Si no conseguimos el nivel de aprobación que consideramos necesario, hacemos cualquier cosa para gustar más a los demás, a menudo a expensas de nuestra integridad y dignidad humana. La buena noticia es que *nunca ha sido necesario degradarnos para ganarnos la buena opinión de la gente* porque *no* hay relación entre nuestra valía personal y lo que opinan de nosotros los demás. No tenemos que gustarle *más* a la gente sino darnos cuenta de que, para sentirse bien consigo mismo, ¡no les *tenemos* que gustar! ¡Sólo importa nuestra propia aprobación!

CONTRACREENCIA:
La única aprobación con la que debo contar es la mía propia; la de los demás es estrictamente opcional.

¿No necesitamos amor?

Necesitar la aprobación de otros es un hábito que consideramos de origen biológico, como nuestra necesidad de comida, agua o sueño. Sin embargo, es un comportamiento adquirido, no algo con lo que hayamos nacido. Es cierto que las pruebas demuestran que los *niños* deben recibir cierta cantidad de amor y aprobación para conseguir un desarrollo físico normal, pero nosotros somos adultos y, por definición, *somos* físicamente maduros. Además, si la necesidad de aprobación fuera innata, todo el mundo la sentiría, y hay muchas pruebas de que hay gente que no lo hace. Los ermitaños, por ejemplo, viven cómodamente sin la aprobación de los demás. Algunos eligen aislarse del mundo. Ejemplos menos radicales son los de personas que simplemente *prefieren* la soledad, que disfrutan de estar solos sin sentirse por ello abandonados y que no necesitan el apoyo emocional de los demás. Obviamente, la necesidad de aprobación no está determinada biológicamente y, si queremos, podemos vivir felices sin llenar nuestra vida con otra aprobación que no sea la nuestra.

Los dos tipos de aprobación

«Un momento», pensarás, «la aprobación de otros es importante desde el punto de vista de la supervivencia, ¿no?». Es más fácil contestar si señalamos que existen dos clases de aprobación.

La *aprobación práctica* es esencial si queremos implicarnos en algún tipo de relación de trabajo fructífera con los demás. Sin ella, sería difícil mantener un trabajo, conseguir comida y ropa, un lugar donde vivir, o incluso sobrevivir. A no ser que estemos preparados para volver completamente la espalda a la sociedad y ser 100% independientes, sería poco prudente ignorar por completo la aprobación práctica de los demás.

La *aprobación personal*, por otro lado, significa gustar a los demás como persona, que nos den su aprobación en términos de relación personal, porque tengamos suficientes valores e ideas en común con ellos para que nos acepten. Pero, al contrario de la aprobación práctica, la personal es una opción. Aunque la deseemos mucho y sintamos cierta satisfacción emocional al conseguirla, no es una necesidad.

Debido a que a veces las buenas opiniones de los demás son el precio que es necesario pagar por las actividades más placenteras de la vida, es *conveniente* gustar a los demás, y puede incluso ser *preferible* o *deseable*. Una cosa es desear aprobación para sentirse bien y otra es querer aprobación para conseguir un lugar donde vivir.

Solucionar el problema de la aprobación

Ventajas de no necesitar la aprobación de los demás

No necesitar la aprobación de otros tiene claras ventajas. Cuando estamos demasiado preocupados por la opinión de los demás, intentamos persuadir a la gente para gustarles y poder sentirnos bien con nosotros mismos. Cuando entendemos que lo importante son *nuestros* sentimientos, eliminamos la irritante y a veces humillante necesidad de convencer a los demás de que piensen de nosotros como queremos.

Querer la aprobación de los demás nos hace dependientes. Y esto, a su vez, nos hace inseguros. Si somos nuestro propio juez, no estamos sujetos a las inconsistencias de las actitudes de los demás; no estamos ni satisfechos por su aprobación ni decepcionados por su culpa, por lo que tenemos un duradero sentido de seguridad, tanto si gustamos a otros como si no.

¿Qué opiniones son importantes?

Para recuperar la autoestima, debemos eliminar la creencia de que necesitamos la aprobación de los demás y reemplazarla por una sana confianza en nosotros mismos. Debemos dejar de mirar al exterior para medir nuestros niveles de valía personal y darnos cuenta de que, a menos que la aprobación provenga de nuestro interior, no tiene un valor duradero. Tenemos que aceptar la responsabilidad de ser la *única* persona que tiene el derecho de aprobarnos o censurarnos. Esto no quiere decir que debamos ser indiferentes a la opinión de los demás. Quiere decir que, al aprender a valorarnos, llegamos a depender sólo de *nosotros mismos* para aportarnos sentimientos de autoestima.

¿Qué pasa si la gente no nos aprueba? Aunque no hay ningún motivo para causar intencionadamente que los demás piensen mal de nosotros, tampoco lo hay para modificar nuestro comportamiento con objeto de gustarles más. Simplemente aceptamos que son libres de pensar lo que quieran de nosotros, y nosotros de ellos. Igual que la gente tiene derecho a opinar de nosotros lo que quiera, nosotros somos libres de rechazarlos. Mientras sus pensamientos no nos causen daños físicos o vejaciones, dejemos que sean nuestros invitados y piensen lo que quieran. Aunque la mayoría preferimos la aprobación al rechazo, debemos estar preparados para manejar ambas situaciones cómodamente.

¿Y qué pasa si la gente es poco amable con nosotros, nos insulta o intenta hacer que nos sintamos mal? Entonces tenemos que asegurarnos de que ponemos todo nuestro corazón, mente y energía en aprobarnos sin importar lo que otros digan o hagan, y permanecer imperturbables.

AUMENTA TU CONCIENCIA

1) Haz este ejercicio al final del día. Usa un folio de tu libreta y escribe el nombre de alguien con quien hayas tenido contacto hoy dejando en blanco el margen izquierdo. Deja un par de líneas y escribe debajo el nombre de otra persona con quien hayas tenido relación y deja otras dos líneas. Sigue hasta que tengas 15 nombres o no tengas más gente. Ahora, en el margen izquierdo, junto a cada nombre, escribe la letra **M** si crees que es alguien muy importante, **A** si crees que es algo importante, y **N** si crees que no es importante. Tras esto vuelve al principio de la lista y al lado de cada nombre que hayas marcado con una **M** o una **A** escribe la letra **P** *si la aprobación de esa persona es importante por razones puramente prácticas*, como mantener tu trabajo. Vuelve al principio de la lista, y junto a cada nombre que hayas marcado con **M** o **A**, pero *no* con una **P**, escribe qué te hace creer que esta persona es superior a ti. Si te resulta difícil hacer esto con el primer nombre, pasa al segundo, al tercero, y así, hasta que encuentres a alguien con quien te resulte más fácil. No importa el orden, pero completa este proceso para todos los nombres que no estén marcados con una **P** o una **M**. Cuando hayas terminado, tendrás una lista de algunas de las cosas en las que crees que eres inferior a los demás.

Ahora que has identificado algunas de las características y rasgos de personalidad que hacen que la opinión de los demás te parezca importante, recuérdalos cuando te encuentres con alguna de estas personas. Supón, por ejemplo, que piensas que la aprobación de Juan es importante porque es muy popular. Entonces, la siguiente vez que te encuentres con él, debes decirte mentalmente: «Aunque Juan parece popular, no es más valioso como persona que yo, su superioridad está sólo en mi imaginación, no es real». Si conviertes esto en un hábito, te darás cuenta de que tu opinión sobre esa persona cambia, e incluso la persona en sí parecerá cambiar. *Parecerá*, porque lo más probable es que no haya cambiado, pero tú empezarás a verla de forma diferente.

2) Encuentra un lugar donde puedas relajarte y estar solo durante 15 o 20 minutos. Mediante técnicas de visualización, crea una situación donde estés con otros y hagas algo que normalmente te resultaría vergonzoso. Lo más fácil puede ser elegir algo de lo que te hayas avergonzado en el pasado, como derramarte la comida encima, decir «la cosa» equivocada u olvidarte del nombre de alguien cuando se lo estás presentando a otra persona. Ahora, haciendo tu imagen mental lo más realista posible, imagínate en la escena que has creado, *pero sin reaccionar avergonzándote.* Siéntete natural y relajado, incluso mientras los otros te miran reprobándote y haciendo comentarios que juzguen lo que has hecho. Imagínate respondiendo cómodamente en lugar de con timidez. Mentalmente debes decirte algo como: «Bueno, todo el mundo comete errores, supongo que éste es uno de los míos». Practica esta visualización hasta que los comentarios y acciones de los demás dejen de molestarte y no tengas tendencia a sentirte incómodo en la situación imaginaria. Cuando llegues a este punto, elige otras circunstancias similares y lleva a cabo el mismo

proceso. La práctica continua hará que pierdas gradualmente la sensibilidad ante las opiniones de los demás.

AFIRMACIONES

— *Sólo necesito mi propia aprobación.*

— *Soy libre de aceptar o rechazar las opiniones de los demás sobre cualquier cosa, incluyendo lo que opinan de mí.*

— *Rechazo cualquier opinión que niegue mi valía como ser humano.*

— *La gente puede pensar de mí lo que quiera, mi opinión es la que cuenta.*

— *La opinión de los demás está basada en su percepción de la realidad, no en la mía.*

— *Soy libre de pensar lo que quiera, sin importar lo que piensen los demás.*

— *La opinión de los demás sólo puede dañarme si la acepto como verdadera.*

— *Me valoro a mí mismo aunque los demás no lo hagan.*

— *No tengo por qué gustar a la gente.*

— *Aparte de su valor práctico, las opiniones de los demás no tienen importancia.*

— *Soy realmente valioso y merezco la pena, sin importar cómo me vean los demás.*

— *Sigo siendo una persona valiosa y que merece la pena, aunque disguste a los demás.*

— *No necesito la aprobación, aceptación o estar de acuerdo con los demás.*

— *No es necesario impresionar a los demás con mi valía o importancia.*

— *Como tengo una valía innata, no tengo que exagerarla o intentar demostrársela a nadie.*

— *No tengo que agradar a nadie más que a mí mismo.*

El dolor emocional

«Mucho de nuestro sufrimiento es inútil: lo creamos inconscientemente utilizando nuestras capacidades humanas con poca inteligencia y sentido común».

CHARLES T. TART

«Siempre creemos que nuestras emociones negativas son culpa de las circunstancias o de los demás... Nuestras emociones negativas están dentro de nosotros y las provocamos nosotros mismos... No hay causas externas que puedan producirlas si nosotros no queremos. Tenemos emociones negativas porque las permitimos, las justificamos, las explicamos por causas externas, y por tanto no luchamos contra ellas».

P. D. OUSPENSKY

La universalidad de la angustia emocional

La angustia emocional tiene cada vez más presencia en nuestras vidas, es tan común como comer o dormir. Dependiendo de las circunstancias podemos sentirnos enfadados, temerosos, apesadumbrados, celosos, amargados, hostiles, llenos de odio, culpables o presos de muchas otras emociones dolorosas. Un comentario ofensivo de un conocido nos enfada, la posibilidad de perder el trabajo nos asusta, nos sentimos tristes cuando se muda un buen amigo, rechazados y dolidos cuando se olvidan de nosotros en una lista de invitados, o amargados, hostiles y resentidos cuando alguien consigue el ascenso que esperábamos para nosotros.

No es sorprendente que respondamos con emociones negativas a este tipo de situaciones. Desde la niñez, hemos visto a nuestro alrededor muchos ejemplos de gente que reacciona de forma similar ante su entorno. Demasiadas canciones populares ensalzan el dolor emocional, diciéndonos que el dolor y el sufrimiento son inevitables y que deberíamos estar preparados para cualquier tipo de trato abusivo y dolor emocional, supuestamente en nombre del amor. Los culebrones y la ficción romántica que inundan el mercado nos animan a creer que la angustia y agonía emocional no son nada especial, sino el pan nuestro de cada día.

Si tenemos en cuenta la cantidad de ideas dañinas e incorrectas que hemos asumido acerca de los sentimientos, no es extraño que nos enfademos y deprimamos tan a menudo. Como el resto de nuestras ideas erróneas, hemos asimilado estas creencias tan profundamente que parecen hechos incuestionables, en lugar de los clichés absurdos y carentes de base lógica que son en realidad.

Nuestras creencias erróneas sobre los sentimientos

CREENCIA ERRÓNEA:
Debo castigarme emocionalmente
cuando la realidad no es como yo quiero que sea.

La mires como la mires, ésta es indiscutiblemente una creencia peculiar. Aunque no hay absolutamente *ningún* motivo por el que debamos sentirnos mal cuando la realidad es diferente de como nos gustaría que fuera, eso es precisamente lo que hacemos. Cuando las cosas no salen como queremos, en vez de aceptarlo con una sonrisa ¡nos castigamos con sentimientos dolorosos! Si, por ejemplo, esperábamos una cita con alguien especial y en el último minuto nos llama para cancelarla, ¿cómo solemos reaccionar? Con desilusión, llanto, rabia o depresión. Nos castigamos porque las cosas no son como queremos que sean.

CONTRACREENCIA:
*Castigarme no altera la realidad en lo
más mínimo, sólo empeora la situación.*

Si llorar y quejarse mejorara las cosas puede que mereciera la pena. Pero lo único que se consigue es empeorar la situación. Cuando empezamos a sumergirnos en la autocompasión, perdemos la perspectiva y el sentido del humor y nos desalentamos aún más. Esto es una tontería: ¿qué sentido tiene sentirnos mal solamente porque la realidad no es como queremos? Ninguno, por supuesto. Además, sentirnos mal requiere una gran cantidad de trabajo y energía.

****

CREENCIA ERRÓNEA:
*El dolor emocional es normal e inevitable, y no puedo vivir
plenamente sin experimentarlo.*

Aceptamos el dolor emocional con cierto fatalismo. Oímos a la gente expresar la creencia de que estas emociones negativas son naturales y que todo el mundo las siente. Como el comportamiento de los demás parece confirmarlo, lo aceptamos como cierto. El dolor emocional *es* normal, en tanto en cuanto la mayoría de la gente lo experimenta. Sin embargo, dado que experimentar emociones perturbadoras es cuestión de elección, difícilmente podemos considerarlo inevitable. Decir que un curso de acción es *inevitable* implica que no hay alternativas, y *hay* diferentes maneras de responder aparte del dolor.

La función del dolor no es ser el modo de vida de nadie, sino una alarma de la naturaleza para avisarnos de que algo va mal. Su único objetivo es dirigir nuestra atención hacia cualquier faceta de nuestro ser que necesita ser corregida. Aceptamos este aviso cuando el dolor es de naturaleza física, y buscamos curas o tratamientos y un alivio hasta que lo encontramos. Como se nos ha inculcado que el dolor emocional es inevitable, en lugar de intentar eliminar la causa lo afrontamos con la idea de aprender a tolerarlo. Sin embargo, igual que el dolor físico indica una situación física que necesita corregirse, el dolor emocional nos muestra errores de pensamiento y nos apremia a corregirlos. Obviamente, por tanto, *podemos* eliminar el dolor emocional cambiando nuestros pensamientos sobre lo que nos preocupa.

CONTRACREENCIA:
El dolor emocional no es inevitable, sino opcional,
y puedo elegir no experimentarlo.

****

CREENCIA ERRÓNEA:
Mis respuestas emocionales son naturales e instintivas.

Es tentador pensar que nuestras respuestas emocionales son parte de algún «paquete» que se nos entrega al nacer, y que no teníamos más remedio que aceptar. Pero, aparte de las emociones que la naturaleza nos da para protegernos de las amenazas físicas, no ocurre así. Igual que aprendemos a hablar imitando a otras personas, desarrollamos nuestras respuestas emocionales imitando el comportamiento de los demás.

Aunque puede que hayamos asistido a una variedad de formas diferentes en las que *podríamos* responder a una situación determinada, normalmente adoptamos las respuestas que producían los resultados que considerábamos más deseables. Una vez elegidas, tendíamos a seguir usándolas cada vez que se producía una situación similar. Con cada repetición, estas dañinas respuestas emocionales empezaron a volverse «automáticas». Hoy las consideramos fijas e inflexibles, en vez de los hábitos adquiridos que son.

CONTRACREENCIA:
*Mis respuestas emocionales negativas no son naturales ni
instintivas; las copié de otros durante mi crecimiento.*

✳✳✳✳

CREENCIA ERRÓNEA:
*Mis respuestas emocionales son permanentes e inalterables;
intentar cambiarlas es inútil porque siempre responderé al
mismo tipo de situación de la misma manera.*

Una vez desarrollamos una respuesta concreta a un determinado conjunto de circunstancias, tendemos a creer que *siempre* responderemos así. Creemos que algunas cosas nos enfadarán siempre, por ejemplo, o que otras nos harán llorar siempre, pero esto no es cierto.

Cuando estamos enfadados, no es porque debamos estarlo, sino porque *queremos*. Si nos sentimos infelices, no es porque la infelicidad sea inevitable, sino porque hemos *elegido* sentirnos así.

CONTRACREENCIA:

Mis respuestas emocionales son una elección.

No estamos atrapados en ninguna respuesta emocional para siempre, podemos *elegir* cómo reaccionar. Puede que no nos lo parezca así, porque el condicionamiento pasado hace que nuestras elecciones habituales nos resulten naturales. Tener la *capacidad* de experimentar ciertas emociones no significa que *tengamos* que hacerlo, igual que tener una pistola no significa que tengamos que usarla, o igual que tener un piano no implica que nos veamos en la necesidad de tocarlo. Las emociones son una elección que tomamos en cada momento, y somos libres de tomar otra decisión cuando queramos.

****

CREENCIA ERRÓNEA:

Mis emociones negativas las causan el comportamiento de los demás hacia mí y las cosas desagradables que me ocurren.

Nuestra cultura nos incita a creer que el sufrimiento emocional lo provocan causas externas, y que se acabaría si la gente nos tratara mejor y las circunstancias adversas desaparecieran. Para apoyar esta creencia, se nos enseña a emplear fórmulas de discurso que parecen probarlo, con frases como «me has hecho llorar», o «me has enfadado», o «no quería hacerte daño». Afirmaciones como éstas oscurecen los hechos porque ignoran la verdadera causa de los problemas emocionales. Simplemente intentan alejar de nosotros la culpa de originarlos y dirigirla hacia las personas o situaciones que *parecen* causarlos.

Cuando le decimos a alguien «me sacas de quicio», afirmamos implícitamente que tiene que cambiar porque está haciendo que nos sintamos mal. Aunque a veces *podemos* convencer a los demás de que tienen la culpa de nuestros problemas emocionales, al final esta solución resultará insatisfactoria porque puede eliminar los síntomas pero no las causas. Es cómodo echar la culpa a los demás por hacer que nos sintamos mal, pero darle tanto poder a según qué gente nos deja indefensos y nos hace vulnerables. Quiere decir que debemos vivir con la esperanza de que los otros siempre sean lo suficientemente amables con nosotros como para preocuparse por nuestros sentimientos, aunque la experiencia nos ha demostrado que no será así. Si lo vemos objetivamente, intentar convencer a los demás para que cambien su comportamiento y así no reaccionar negativamente es como golpearnos la cabeza contra un muro mientras suplicamos al muro que deje de hacernos daño.

No es necesario cambiar el mundo y a todos los que viven en él para evitar nuestros problemas emocionales, porque su origen lo tenemos más cerca. En la búsqueda de alivio a nuestros problemas emocionales hemos olvidado intentar la única solución que tiene garantías de funcionar siempre: cambiarnos a *nosotros mismos* para responder de otra manera. *Es nuestra respuesta la que nos causa dolor emocional, no las personas o situaciones.*

Nos hemos infligido todo este sufrimiento porque no nos hemos dado cuenta de la simple verdad.

CONTRACREENCIA:
Dado que mis emociones las controlo yo, yo y no los demás, soy responsable de mi dolor emocional.

Nuestras emociones se originan *dentro* de nosotros, empezando por lo que pensamos. Por tanto, *nosotros* somos 100% responsables de ellas. Sin importar qué hagan los demás o las cosas terribles que puedan ocurrir, la única forma de que algo de fuera pueda penetrar en nuestra mente es a través de nuestros pensamientos, y tenemos control absoluto sobre ellos. Nada de lo que ocurre puede provocarnos *ninguna* emoción, *a no ser que cooperemos activamente en ello.*

Estamos tan acostumbrados a echarle a la gente y a las situaciones la culpa de nuestros problemas emocionales, que puede que nos resulte difícil creer que los causamos nosotros. Después de todo, nos consideramos racionales, y la gente racional no se inflige dolor a sí mismo. Ahí está la clave, las creencias que nos causan el dolor emocional *no* son racionales, y nos causamos dolor sin darnos cuenta de que somos *nosotros* quienes lo provocamos. Si la gente y las situaciones tuvieran la capacidad de afectar a las emociones de *una* persona, deberían afectar a la de *todos* exactamente del mismo modo. Si una persona llora como respuesta a las duras palabras de otra, debería ocurrirnos a todos, y es evidente que esto no sucede así. La gente y las situaciones pueden aportar el *estímulo* al que responder, pero son nuestros *pensamientos* sobre ellos y las respuestas físicas que éstos originan los que se combinan para crear nuestros sentimientos dolorosos. Aunque creamos que los demás actúan sobre nosotros, en realidad somos nosotros los que actuamos sobre nuestros *pensamientos* al respecto y después experimentamos dolorosas emociones negativas que *causamos nosotros*. Si nos da la impresión de que los demás pueden influir en nuestras emociones, es sólo porque hemos permitido que así sea. La buena noticia es que podemos retirar nuestro permiso en cualquier momento.

Desventajas de dejar que
nos controlen nuestras emociones

Perdemos el control sobre nuestras vidas

Un elemento clave de la autoestima estriba en la sensación de tener el control, no sobre el mundo o sobre los demás, sino sobre nosotros mismos. Si no logramos entender que *nosotros* creamos nuestras emociones, perdemos ese control, y con él, el respeto a nosotros mismos. Somos como marionetas, doblándonos y torciéndonos en respuesta a los estados de ánimo y peculiaridades de los demás. Si permitimos que las emociones *nos* controlen, no *actuamos, reaccionamos.* En vez de sentir que tenemos el control, nos sentimos impotentes, como si una fuerza superior dirigiera nuestra vida. Si otorgamos a los demás y a las situaciones el derecho de regir nuestro comportamiento, no operamos sobre *nuestras* ideas de lo que es mejor, dejamos que nuestro entorno nos diga cómo actuar. Cuando esto ocurre, no siempre es de forma favorable para nosotros.

Si permitimos que nos guíen emociones dañinas, nos comportaremos frecuentemente de forma irracional, porque distorsionan nuestra visión de la realidad e impiden que veamos las cosas como son. Con la mente nublada por la emoción, nuestro pensamiento se vuelve errático, confuso e irracional. Somos incapaces de concentrarnos, tendemos a actuar antes y pensar después. Cuanto más intenso sea nuestro estado emocional, más probable es que actuemos de forma imprudente y contraproducente. Si consideramos las consecuencias desastrosas de nuestras acciones, no sorprende que pensemos mal de nosotros mismos cuando dejamos que nuestras emociones, en lugar de nuestro cerebro, controlen nuestro comportamiento.

Somos más vulnerables a las enfermedades

Si obligamos a nuestro cuerpo a absorber emociones negativas durante mucho tiempo, es probable que acabemos sufriendo úlceras, hipertensión, envejecimiento prematuro, otras enfermedades derivadas del estrés y otros problemas físicos, además de acabar con un sistema inmunológico demasiado débil para luchar contra ellos. Por otro lado, si dejamos de preocuparnos emocionalmente cuando la vida no se ajuste a nuestras ideas de cómo debería tratarnos, no sólo nos sentiremos más felices y amables, también descubriremos una insospechada reserva de energía.

Una nueva perspectiva de nuestras emociones

Cambiar nuestros hábitos emocionales

Para muchos de nosotros, la idea de que podemos controlar nuestras emociones es nueva. Intentar controlarlas puede resultarnos extraño e incómodo al principio porque estamos muy habituados a buscar sus causas fuera de nosotros. Tener que admitir que los demás no tienen ningún poder emocional sobre nosotros es como tirar una muleta en la que nos hemos apoyado durante años. Al principio nos sentiremos incómodos, pero cuanto más pasemos sin ella, más fuertes nos sentiremos. Al final veremos que no era una ayuda, sino un estorbo.

Es difícil admitir que la culpa de nuestros problemas emocionales es sólo nuestra. Sin embargo, así es. Nadie más es responsable de asegurar nuestro bienestar emocional, *sólo nosotros*. Esto puede ser difícil de aceptar, pero tiene algunas ventajas que compensan cualquier dificultad.

Una vez comprendemos completamente que *cada uno se causa su dolor emocional*, las acciones de los demás nos resultan completamente indiferentes, porque sabemos que *nosotros* controlamos nuestro dolor. En lugar de dejar que fuentes externas determinen nuestro estado anímico, podemos encargarnos de él nosotros mismos y sentirnos tranquilos y felices, *sin importar lo que digan o hagan los demás, o lo que pase en nuestras vidas.* Al tomar la iniciativa, asumimos el control y somos libres de reaccionar como queramos, *no* como nos impongan las circunstancias.

Dejamos de sentirnos culpables

Sí, aceptar el control emocional tiene un precio, porque tenemos que responsabilizarnos de controlar nuestros propios estados emocionales. Sin embargo, es un precio bajo por liberarnos de una pesada carga de culpabilidad. Si somos responsables de *nuestras* emociones, los demás deben ser responsables de las *suyas.* A menos que los dañemos físicamente, o que lo hagamos intencionadamente, no tenemos ninguna razón para sentirnos culpables cuando responden de forma negativa a nuestras acciones. Sólo este hecho es suficiente para librarnos a muchos de la carga de culpabilidad que hemos acumulado a lo largo de la vida.

El control emocional es para todos

El autocontrol emocional no es una habilidad especial concedida a una minoría afortunada; es una opción abierta a todos nosotros. Podemos permitir que las acciones de otros provoquen nuestros estados emocionales, o podemos responder a las instrucciones de nuestra voz interna. Sea cual sea nuestra elección, la verdad es la siguiente: nuestro bienestar emocional está en *nuestras* manos y en las de nadie más.

Sin embargo, la naturaleza es infinitamente paciente, y en cada momento se nos presentan nuevas oportunidades para tomar mejores decisiones. Todas, si somos lo suficientemente agudos como para verlas como tales, son oportunidades para elegir más sabiamente que en el pasado.

AUMENTA TU CONCIENCIA

1) A continuación hay una lista de frases que implican que nuestros estados emocionales son causados desde el exterior. En un folio, reescríbelas para indicar que aceptas la total responsabilidad de tus emociones, en lugar de echarle la culpa de ellas a alguien o a algo. Por ejemplo, reformula la frase «¡Me vuelves loco!» por «Elijo estar enfadado por algo que hiciste», y así sucesivamente. Recuerda, como te sientes es *tu* responsabilidad.

    a. «Me haces llorar».

    b. «Dañas mis sentimientos».

    c. «Este tiempo es deprimente».

    d. «Estoy tan solo».

    e. «Detesto que las cosas vayan mal».

    f. «Me pongo furioso cuando alguien me insulta».

    g. «Realmente me has decepcionado».

    h. «Me avergonzaste muchísimo».

Piensa en frases parecidas que utilices, escríbelas en la lista y después reformúlalas. Practica diciendo las frases en su nueva forma hasta que te resulte cómodo.

2) Recuerda una situación reciente en la que respondieras al comportamiento de otra persona con emociones negativas. Después de pensar un poco en ello, escribe cómo podrías haber respondido si

hubieras elegido no enfadarte. Visualiza la misma situación de nuevo, pero reaccionando positivamente, o al menos de forma neutral al mismo estímulo al que respondiste antes de forma negativa. Utiliza lenguaje o acciones que creas que te hubieran ayudado a evitar una respuesta negativa. Repite este ejercicio cuando te cueste recordar que tú eres responsable de tus emociones.

AFIRMACIONES

— *Soy el único que puede controlar mis emociones.*

— *Puedo cambiar respuestas emocionales desagradables por otras que me ayuden.*

— *Puedo elegir nuevas respuestas emocionales cuando quiera.*

— *Cualquier emoción que experimente es de mi propia elección.*

— *Creo mis propios cambios de humor.*

— *Rechazo sentirme mal cuando las cosas no van como quiero.*

— *Rechazo castigarme a mí mismo experimentando emociones dolorosas.*

— *No tengo que aceptar la culpa por las emociones de otros.*

— *Tan pronto como cambie mis pensamientos, desaparecerá cualquier dolor emocional.*

— *Mis emociones las causo yo, no los demás.*

— *Los demás son responsables de sus emociones, tal y como yo lo soy de las mías.*

— *Es inútil castigarme sintiéndome mal.*

— *Dado que yo controlo mis pensamientos, y mis sentimientos están causados por lo que yo pienso, yo controlo mis sentimientos.*

4 El pasado

Usamos mal la memoria

Como seres humanos, tenemos la capacidad única de recuperar hechos conscientemente con gran claridad. Algunos los recordamos de una manera tan vívida que casi parece que estuvieran volviendo a ocurrir. Aunque a veces usamos este talento a nuestro favor, con frecuencia abusamos de él y traemos el pasado al presente más a menudo de lo que deberíamos. El problema no es esta notoria habilidad, sino cómo la usamos. Sería diferente si los recuerdos que recuperamos fueran felices, pero no somos ni mucho menos tan selectivos. Tendemos a centrar nuestra atención en los recuerdos *desagradables*, y al hacerlo nos exponemos de nuevo a sus dañinos golpes emocionales.

Nos obligamos a sentirnos desgraciados

Las experiencias desagradables son bastante comunes, más tarde o más temprano todos las tenemos. Algunas son triviales, como un castigo en clase o ponernos en evidencia delante de los amigos. Normalmente, este tipo de incidentes ocasiona un impacto emocional pequeño, así que se suelen olvidar rápidamente. Otros hechos, sin embargo, presentan un contenido más serio, como una relación amorosa desastrosamente infeliz, un accidente grave, una enfermedad grave o quizá experimentar algo tan profundamente turbador como una violación, un abuso sexual, la muerte de un ser querido o ser obligado a cometer un asesinato legalizado en un conflicto armado.

Cuando ocurren hechos de este tipo, puede que nos resulten difíciles de olvidar. Generamos unos sentimientos tan intensos en respuesta a ellos que nuestros recuerdos parecen cobrar vida propia. Con una especie de fascinación morbosa, rememoramos una y otra vez esos dolorosos recuerdos. Evocamos cada detalle, volvemos a sentir la herida y volvemos a experimentar el daño y la agitación emocional que sentimos entonces, a veces incluso con mayor intensidad que la primera vez.

Las emociones negativas dañan nuestra autoestima

Aunque este tipo de repaso mental pueda parecer inofensivo, de hecho es todo lo contrario. Porque este tipo de experiencias angustiosas tienen algo en común: en todas ellas, *nos otorgamos el papel de víctima*. Cuando reaccionamos a un incidente con una intensa energía negativa, es porque nos sentimos débiles, desvalidos e incapaces de defendernos o protegernos de algo o alguien que consideramos superior o más poderoso. Cuanto más a menudo recordemos circunstancias desagradables de este tipo, menos nos respetaremos. Alimentan nuestros sentimientos de inferioridad al enfatizar nuestra falta de poder y control.

Aunque no seamos conscientes, cuando permitimos que las emociones negativas nos dominen, perdemos nuestro autocontrol, y dejamos que nos controlen la gente y circunstancias exteriores. Cada vez que recordamos una experiencia desagradable, desgastamos nuestra autoestima. Al recordar una y otra vez el miedo, el enfado, la pena o la humillación que sentimos, nos reafirmamos en nuestro estatus de víctima y reforzamos nuestra creencia de que somos incapaces, incompetentes o indignos de amor. Cuanto peor es el autorretrato que pintamos, menos creemos merecer el amor de nadie, *incluyendo el nuestro.*

Cambiemos nuestras mentes

La buena noticia es que no es necesario ser molestados por recuerdos desagradables, podemos eliminar su dolor cuando queramos. Obviamente, no podemos dar marcha atrás y cambiar el pasado, pero no es el pasado en sí mismo lo que nos molesta, sino nuestros *pensamientos* sobre él, y eso *podemos* cambiarlo.

Nuestras creencias erróneas sobre el pasado

CREENCIA ERRÓNEA:
Ciertos incidentes son dañinos por sí mismos.
Me afectaron negativa y dolorosamente
porque habrían afectado así a cualquiera.

Otorgamos demasiada importancia a los hechos desagradables del pasado. Además, creemos erróneamente que han de dañarnos durante mucho tiempo. ¿Son estos hechos realmente tan horribles como creemos, o les damos más importancia de la que merecen?

Si pudiéramos entrar en las mentes de las personas y experimentar sus recuerdos y emociones tan intensamente como las nuestras, descubriríamos dos cosas. Primero, *nuestros recuerdos desagradables no tienen nada de especial, a mucha gente le ha pasado el mismo tipo de cosas que a nosotros.*

Segundo y más importante, *la idea que tienen los demás de lo que es un hecho terrible u horrible puede ser completamente diferente de la nuestra.*

Hay gente a la que le aterroriza hablar en público. Otros no pueden imaginarse nada peor que estar encerrados en una habitación con un perro, una rata o una serpiente. Experiencias que podríamos considerar terribles para otros no son tan importantes, o incluso excitantes y divertidas. Por ejemplo, algunas personas se quedarían petrificadas si tuvieran que saltar o los empujaran desde un avión volando a 2.000 metros de altura, incluso si fueran equipados de un paracaídas que ellos supieran que funciona perfectamente. Los paracaidistas, sin embargo, parece que de hecho disfrutan esa sensación. En otras palabras: no es la experiencia en sí misma la que nos hace sentir mal; *es cómo la pensamos, cómo la percibimos.* No existe un acuerdo universal sobre qué constituye un hecho terrible; es un asunto de pura interpretación personal.

CONTRACREENCIA:
Un hecho no es intrínsecamente doloroso u horrible; sólo lo es tanto como nosotros decidamos que sea.

Si ciertas situaciones del pasado parecen extremadamente perturbadoras, es el momento de reconsiderarlas, intentar verlas de forma diferente a como lo hacíamos antes. No importa el tipo de experiencias que hayamos tenido, o lo angustiosas o terribles que parecieran cuando ocurrieron, somos libres de reevaluarlas y aprender a verlas de una forma menos nociva cuando queramos.

****

CREENCIA ERRÓNEA:

El dolor de algunos recuerdos estará conmigo para siempre.

Todos hemos oído el dicho «el tiempo cura las heridas». Sería más apropiado decir que simplemente tenemos menos tiempo para pensar en viejas heridas y las nuevas ocupan su lugar. A no ser que hagamos un esfuerzo especial por mantener vivos ciertos recuerdos, incluso los más angustiosos tienden a perder su importancia, ya que es necesario dedicar nuestra atención a recuerdos adquiridos más recientemente.

Cuando recordamos algo del pasado y experimentamos de nuevo las emociones que le asociamos, aumentamos su poder y lo mantenemos vivo en nuestra mente. La única razón por la que los recuerdos parecen tan reales es que seguimos «dándoles vueltas», prestándoles atención y reforzándolos emocionalmente. Cuanto menos los recordemos, más se debilitan.

CONTRACREENCIA:
Si rechazo de forma consciente entretenerme con recuerdos dolorosos y dejo de alimentarlos con emociones, perderán su capacidad de perturbarme.

****

CREENCIA ERRÓNEA:
Fui muy infeliz en ciertos periodos de mi vida,
porque sólo tuve malas experiencias.

Ciertos episodios de nuestras vidas permanecen en la memoria porque los consideramos momentos infelices. En realidad, raras veces en la vida todo es bueno o todo malo. Aunque a veces pueda parecer más buena que mala, o viceversa, por lo general la vida de la gente es una mezcla de vivencias buenas *y* malas, de felicidad *e* infelicidad.

Pero, si esto es verdad, ¿por qué pensar en ciertas épocas trae sentimientos tan dolorosos? Porque los recuerdos predominantes sobre una época determinan la impresión que tenemos de ella. Si elegimos concentrarnos en los momentos infelices de un periodo de nuestra vida, tendemos a pensar que todo fue desagradable. Si algunas épocas en particular parecen más desagradables que otras, no es necesariamente porque en realidad lo fueran, sino porque hemos ignorado las partes más felices y recordado sólo las infelices.

Para cambiar nuestros sentimientos sobre una época determinada, hemos de invertir el proceso, repasando aquel periodo y centrándonos sólo en sus aspectos positivos. No tienen que ser hechos de gran importancia. Pueden ser tan sencillos como la amabilidad de las enfermeras cuando estábamos enfermos en un hospital, la consideración de los demás en respuesta a la muerte de uno de nuestros familiares. Si buscamos aspectos positivos en casi *todas* las situaciones en las que nos hemos visto envueltos, los encontraremos. Cuando lo hagamos, dejaremos de identificarnos con los recuerdos desagradables del pasado. A no ser que estemos decididos a sentirnos desgraciados, es poco aconsejable convertir una circunstancia o hecho desgraciado en el centro de nuestra vida, da igual lo terrible que pareciera en su momento.

CONTRACREENCIA:

Mis sentimientos en relación con cualquier parte de mi vida
dependen más de los recuerdos que elija resaltar que de los
hechos que ocurrieran entonces. Puedo cambiar la calidad
de mi vida eligiendo dar más importancia a los recuerdos
agradables.

****

CREENCIA ERRÓNEA:
El pasado, y especialmente las vivencias que
me afectaron con fuerza, influirán siempre
en mi vida y mi comportamiento.

¿Es razonable echarles la culpa de nuestro comportamiento actual a las experiencias desagradables del pasado o creer que algo que pasó hace mucho tiempo todavía tiene el poder de influirnos negativamente? No podemos negar que los acontecimientos pasados aún pueden afectarnos, pero si su efecto es bueno o malo depende completamente de nuestra actitud. No hay duda ni de que la experiencia sea una profesora importante ni de que las situaciones angustiosas sean a veces origen de valiosas lecciones. Pero en lugar de dejarlas atrás cuando hemos asumido su mensaje, tendemos a aferrarnos a ellas con todas nuestras fuerzas, como si fueran un tesoro, y las revivimos mucho después de que su valor didáctico haya desaparecido.

Pero ¿por qué tenemos esta tendencia? ¿Merecen esos amargos recuerdos que hemos guardado tan cuidadosamente el esfuerzo que supone recordarlos? ¿Hay algún beneficio real en recordar problemas pasados? ¿Nos servirá para mejorar algo, disminuir nuestro dolor o paliar nuestra angustia? ¿Sumergirnos en antiguas miserias nos hará personas más felices, más relajadas, más fáciles de tratar o más agradables? ¿Nos hace ser más generosos, más amables, o tener más éxito? ¿Mejora —de algún modo— la calidad de nuestras vidas? Sólo un cabezota o un iluso contestaría algo que no fuera un no a estas preguntas.

Es cierto que podemos utilizar estos incidentes pasados como excusas para nuestros fallos o como razones para justificar el comportamiento inadecuado o autoagresivo que tenemos hoy. Usar el pasado para explicar nuestros defectos presentes no nos ayuda a largo plazo. Sólo nos sirve para ganar un poco de tiempo, para posponer el cambio desde el papel de un niño dependiente hacia el estado adulto que en realidad nos correspondería.

Está claro que no es aconsejable construir nuestra vida sobre la chatarra de nuestros problemas anteriores o envenenar nuestra mente con tóxicos residuos emocionales. Ni reporta beneficio alguno cargar con el pesado lastre del pasado.

Hay, sin embargo, un montón de razones por las que *no* deberíamos cargarnos con desechos mentales pasados. Ver la vida con los ojos del pasado restringe nuestro crecimiento; cuanto más tiempo pasemos envueltos en recuerdos amargos, más nos estancaremos donde estamos. Conservar los viejos patrones de comportamiento impide que desarrollemos otros más apropiados para el presente. Si echamos erróneamente la culpa al pasado de los problemas del presente, ignoramos nuestra fuerza inherente, nuestra flexibilidad y nuestra habilidad para adaptar nuestras acciones a nuevas circunstancias. Peor aún, negarnos a dejar atrás el pasado significa que continuaremos viendo el mundo desde la perspectiva de una víctima, y *seguiremos siendo* víctimas, no sólo en nuestras mentes, sino en nuestras vidas.

CONTRACREENCIA:

Si los hechos del pasado todavía me influyen, no es porque
sea inevitable, sino porque he optado por permitirlo.

Excepto por lo que podemos aprender de él, el pasado no es importante porque *ya no existe*. El único periodo de tiempo con algún valor, y el único por el que somos realmente responsables, es *ahora mismo*, este momento presente. La parte de atención que dirigimos al pasado no está disponible para concentrarla en el aquí y ahora. Sólo abriéndonos completamente al presente podemos relacionarnos efectivamente con él. Y sólo apartándonos deliberadamente del pasado podemos evitar esa situación donde, en lugar de saborear el momento presente al máximo, estamos, como dice el psicólogo Everett Shostrom, «mordisqueando los indigeribles recuerdos del pasado».

****

Una historia

Dos monjes caminaban una tarde a través de un bosque, camino a un monasterio cercano. Cuando se acercaban a un rápido y caudaloso arroyo, vieron a una joven llorando desconsoladamente en un banco cubierto de hierba. «Iba a cruzar el arroyo», dijo ella, «cuando el puente se rompió. No sé nadar y ahora no puedo ir a casa con mis hijos. ¿Qué voy a hacer?»

Sintiendo pena por ella, el monje más viejo se ofreció a ayudarla a cruzar el arroyo. El otro monje lo miró asombrado porque las reglas de su orden les prohibían el contacto físico con mujeres. La mujer, sin embargo, aceptó feliz la oferta, así que él la cogió y atravesó cuidadosamente el gran arroyo. Cuando la dejó en la otra orilla, ella le dio las gracias y se adentró en el bosque hacia su casa y sus hijos.

Los monjes continuaron su viaje, pero el más joven no podía dejar de pensar en las acciones del mayor. Cuanto más pensaba en ello, más se enfadaba. A cada paso que daba, más se enfurecía. Finalmente, después de algunas leguas, no pudo soportarlo más. «Hermano», le dijo, «has desobedecido tus votos. Eres una desgracia para nuestra orden. Dios seguramente te castigará». Siguió de esta manera unos minutos hasta que al final, cuando se le acabaron las acusaciones, le preguntó si entendía lo seriamente que había errado al acarrear a la mujer a través del arroyo. «Hermano», respondió tranquilamente el monje más viejo, «yo dejé a la mujer hace dos horas. Tú todavía la estás acarreando».

AUMENTA TU CONCIENCIA

1) Piensa en una experiencia irritante que hayas vivido hace poco. Ahora siéntate, cierra los ojos y relájate. Vuelve a reproducir el incidente, y mientras lo haces, asegúrate de que sigues estando cómodo y tranquilo. Visualízate en la situación desagradable que experimentaste, pero repasa la escena objetivamente, como si le estuviera sucediendo a otra persona. Si notas que empiezas a ponerte nervioso, relájate conscientemente. Sigue así hasta que llegues al final. Si has sentido alguna irritación al repasar el incidente, repite el proceso de observación objetiva hasta que no te suceda. Tras unas cuantas repeticiones, te resultará tan aburrido que no te apetecerá volver a pensar en ello.

Cuando empieces a practicar estos ejercicios, evita hacerlo con experiencias demasiado dolorosas. Hasta que puedas «disolver» las moderadamente desagradables, no es aconsejable intentar un reto mayor. Como es normal, el mejor camino es proceder de manera lenta pero segura.

2) Coge papel y lápiz y siéntate donde no vayas a ser interrumpido. En el margen izquierdo del folio escribe los números del 1 al 20. Intenta recordar un día del pasado no demasiado lejano en el que te haya ocurrido algo desagradable. Como resultado de tus malos recuerdos sobre el incidente, puede que recuerdes todo el día como desagradable. Así que si tienes recuerdos predominantemente dolorosos de ese día, convierte en un juego intentar recordar tantos aspectos positivos como puedas, mientras ignoras los *desagradables*. Cuando refresques tu memoria sobre los aspectos que disfrutaste ese día, escríbelos. He aquí unas preguntas para empezar:

1. ¿Hacía buen tiempo?
2. ¿Comiste algo rico?
3. ¿Te trató alguien con amabilidad?
4. ¿Te dijo alguien un piropo?
5. ¿Ocurrió algo gracioso?
6. ¿Vestías algo que gustara?
7. ¿Te sentías bien físicamente?
8. ¿Hablaste con alguien de cuya compañía disfrutaste?
9. ¿Escuchaste alguna música que te gustara en particular?
10. ¿Fue alguien especialmente considerado o atento?
11. ¿Pasó algo agradable e inesperado?
12. ¿Te sonrió alguien?
13. ¿Disfrutaste de alguna forma de entretenimiento que te gustase?
14. ¿Comiste y bebiste lo suficiente?
15. ¿Te abrazó o te tocó alguien?
16. ¿Leíste algo que te gustara?
17. ¿Tenías buena salud?

18. ¿Hiciste algunos planes de ocio para el futuro?
19. ¿Hiciste algo particularmente bien?
20. ¿Viste o jugaste con algún animal que te gustase?

Seguramente a ti se te ocurrirán otras preguntas mejores, más efectivas o más apropiadas para ti. Como puede que ya te hayas dado cuenta, el objetivo de este ejercicio es resaltar intencionadamente los aspectos positivos de situaciones que consideramos predominantemente negativas. Identificar los recuerdos agradables nos ayuda a conseguir una perspectiva más neutral y por tanto más realista de lo sucedido.

AFIRMACIONES

— *Dejo atrás los recuerdos dolorosos del pasado.*
— *Me abro al presente y acepto el bien que me ofrece.*
— *El pasado ya pasó. Lo dejo atrás.*
— *Me libero para vivir el presente.*
— *Como es imposible cambiar el pasado, acepto sus lecciones y sigo adelante.*
— *Respondo al presente en lugar de al pasado.*
— *Elijo dejar de morar en el dolor de heridas y traumas pasados.*
— *Si recuerdo el pasado, sólo me concentro en los recuerdos agradables.*
— *Los hechos del pasado me afectan sólo porque yo elijo que así sea.*
— *Empleo mi energía con inteligencia viviendo plenamente el presente.*

Cometer errores

«Sólo aquellos que no hacen nada no cometen errores, supongo».

JOSEPH CONRAD

CREENCIA ERRÓNEA:

Debo tomar siempre la decisión correcta y evitar los errores;
si no lo hago soy tonto o estúpido.

En lugar de perdonarnos cuando estropeamos las cosas, somos críticos y exigentes con nosotros mismos. Nos negamos la libertad de cometer errores. Faltas que estamos dispuestos a ignorar cuando las cometen otros, nos parecen terribles si son nuestras. Repasamos nuestras decisiones equivocadas, deseando desesperadamente haber actuado de otra manera. Creer que nuestra valía personal tiene algo que ver con no cometer errores nos garantiza una continua serie de altibajos emocionales. De algún modo, hemos llegado a la conclusión totalmente incorrecta de que nunca deberíamos cometer errores cuando, de hecho, lo cierto es justo lo contrario.

CONTRACREENCIA:

Cometer errores es completamente normal, incluso algunos bastante serios. Mis errores no son reflejo ni de mi inteligencia ni de mi valía como persona.

****

La verdad sobre los errores

Todo el mundo comete errores

Cometer errores no nos separa de los demás, sino al contrario. Como demuestra cualquier libro de historia, los humanos *siempre* hemos cometido errores, y no hay indicios de que vayamos a dejar de cometerlos algún día. Sin embargo, si esto es cierto, ¿por qué no nos enteramos más de los errores que cometen *otros*? En primer lugar, *sí* que oímos algunos de ellos, especialmente los que comete gente famosa. No oímos otros muchos porque los que nos rodean no suelen sentirse lo suficientemente bien consigo mismos como para admitirlos. Sin embargo, si pudiéramos ver sus mentes, seguramente encontraríamos el mismo tipo de inútil residuo mental que hay en la nuestra: culpa, remordimientos y arrepentimiento por sus errores.

Los errores son inevitables

Como seres humanos, hay veces en que no podemos evitar cometer errores. No los cometemos porque seamos estúpidos, sino porque carecemos de la información que nos permita evitarlos. A pesar de lo maravillosa y versátil que es la mente humana, contiene un número limitado de hechos en los que basar nuestras decisiones. En realidad no *tenemos* elección, porque no conocemos *todas* las opciones, es imposible. Consideramos las alternativas que conocemos durante el tiempo del que disponemos, y elegimos el camino que parece prometer el mejor resultado con las menos desventajas posibles. Por tanto, la *única* razón por la que tomamos decisiones erróneas es que no disponemos de la información suficiente para tomar las correctas.

Los errores nos proporcionan experiencia

Los errores son una sana y valiosa parte del aprendizaje, necesaria para nuestro crecimiento como seres humanos. *Tenemos* que cometer algunos porque es la única forma de aprender ciertas cosas. En lugar de pensar mal de nosotros mismos a causa de ellos, debemos recordar que cada vez que cometemos un error descubrimos otra cosa que *no* funciona y aumentamos nuestras posibilidades de encontrar algo que sí lo haga. Si nos damos la libertad de cometer errores, mejoraremos nuestras habilidades y aumentaremos nuestras posibilidades de éxito. Dado que la experiencia es la mejor maestra, si nos beneficiamos de ella, debemos ser alumnos entusiastas.

Cometemos relativamente pocos errores

A veces estamos tan agobiados por nuestros errores que no nos damos cuenta de las muchas decisiones correctas que *sí* tomamos. La vida exige que tomemos miles de decisiones cada día, muchas de ellas inconscientemente. Con tantas oportunidades para errar, sería poco razonable esperar que todas nuestras decisiones fueran correctas. Sin embargo, comparados con el grandísimo número de decisiones *inteligentes y acertadas* que tomamos cada día, nuestros errores son escasos.

Todos tomamos decisiones de las que luego nos arrepentimos

Si pudiéramos predecir el futuro con la precisión que nos exigimos, seríamos los videntes más buscados del mundo. Cuando el abrigo que compramos a precio normal aparece a mitad de precio la semana siguiente, nos criticamos como si hubiéramos sabido que el precio iba a bajar y lo hubiéramos ignorado deliberadamente. De hecho, este tipo de situaciones sólo muestran que es muy fácil tomar la decisión correcta *después*, cuando resultan evidentes otras líneas de conducta más apropiadas. Cualquier entrenador de mesa camilla nos puede decir cómo deberíamos haber jugado una vez acabado el partido. Para entonces, por supuesto, es demasiado tarde para que nos sirva de algo. Lo que esto demuestra es que, con la suficiente información, siempre tomaremos la mejor decisión.

Nuestros errores no son únicos

Nos castigamos pensando que nuestros errores son únicos y peores que los de los demás cuando, sea cual sea nuestro error, o lo horrible que parezca, no será original; ya se ha cometido antes innumerables veces y por un incalculable número de gente, y probablemente se seguirá cometiendo mientras exista el género humano. Aunque el tiempo, los detalles y las circunstancias puedan diferir, en cuanto a errores no hay nada nuevo bajo el sol.

Es inteligente no castigarnos por nuestros errores

Debemos asumir que vamos a cometer errores. Ya que estamos, tenemos que darnos cuenta de que quejarnos *a* nosotros *sobre* nosotros no mejorará nada. Culparnos sólo refuerza la idea de que tomamos malas decisiones. Esto a su vez nos hace más miedosos y en lugar de volvernos más cuidadosos, aumenta las posibilidades de que cometamos *más* errores.

Por la misma regla de tres podemos evitar muchos errores simplemente preocupándonos menos por cometerlos. Si no nos exigimos la perfección, nos sentiremos menos presionados y más relajados y, por tanto, tenderemos a cometer menos errores. En vez de angustiarnos por aquéllos del pasado, podríamos dedicarnos a pensar cómo evitar que vuelva a suceder. Una vez que hayamos comprendido con claridad que todas nuestras acciones no tienen que ser perfectas, habremos eliminado una importante fuente de estrés e incomodidad de nuestras vidas.

Es importante ser tolerantes con nuestros errores

Nuestros errores o decisiones desafortunadas nunca los tomamos intencionadamente; nadie se va a la cama decidido a sentirse miserable al día siguiente. Aunque no siempre sabemos qué es lo mejor que podemos hacer, siempre hay algo de lo que *podemos* estar seguros: no importa cómo resulten las cosas, *siempre* tomamos la mejor decisión en esas circunstancias, con la información de la que disponemos *en ese momento*. Otro beneficio importante que tiene aumentar nuestra autotolerancia es que cuanto menos nos culpemos, más compasivos y comprensivos nos volveremos con los demás.

Siempre somos buenos, incluso cuando cometemos errores

Que nuestro comportamiento esté alejado de la perfección no significa que seamos seres humanos imperfectos. No hay ningún tipo de relación entre nuestra valía como persona y el número de errores que cometamos. Lo que *hacemos* no es lo mismo que lo que *somos*. Del mismo modo que no nos convertimos en buenas personas al no cometer errores, no nos convertimos en malas cometiéndolos. Con o sin errores, *siempre* somos buenos.

Está bien admitir los errores

Hacerlo no es una confesión de incapacidad, sino un reconocimiento de nuestra humanidad y una prueba de la salud de nuestra autoestima. Si creemos que siempre tenemos que dar la impresión de estar en lo cierto, a nuestros ojos o a los de los demás, nos ponemos una meta poco práctica. Deberíamos estar dispuestos a admitir nuestros errores, sin importar lo grandes o estúpidos que parezcan. Sólo estaremos libres de errores cuando exhalemos nuestro último aliento. Mientras sigamos cometiendo errores, será señal de que seguimos vivos y aprendiendo.

¿Tendremos alguna vez la suficiente información para estar *seguros* de que estamos tomando la decisión correcta? No, y nunca lo estará nadie. Por mucho que lo intentemos, siempre seremos seres humanos falibles. No somos perfectos, ni lo seremos nunca. Cometer errores no es vergonzoso; es inevitable y una parte natural del ser humano, además de un medio para madurar y desarrollarse. En lugar de condenarnos por cometer errores, debemos aprender a aceptarlos tranquilamente. Cuanta menos infalibilidad nos exijamos, más cómodos estaremos. Cuanto más dispuestos estemos a cometer errores, más fácil nos resultará aprender de ellos. Tener una alta autoestima no significa que no *cometeremos* errores. Sólo quiere decir que una vez cometidos, no nos agobiaremos o culparemos por ello, simplemente aprenderemos su lección y seguiremos adelante.

AUMENTA TU CONCIENCIA

1) Piensa en algún error que hayas cometido recientemente. Usando el siguiente formato, escribe lo que pasó.

    A) ¿Cuál fue el error? Descríbelo.

    B) ¿Cuál fue el proceso mental que te llevó a él?

C) ¿Se te ocurrió pensar que el resultado podía ser diferente del esperado?

D) ¿Cuáles fueron los resultados negativos de tus acciones?

E) ¿Comprendes tu responsabilidad al cometer el error?

F) ¿Cuál de las siguientes razones fue la que propició tu error?

1. No eras consciente de las consecuencias.

2. Era un comportamiento habitual.

3. Te olvidaste del resultado de acciones similares en el pasado.

4. No conocías alternativas mejores.

5. Tenías miedo a cambiar tu comportamiento habitual.

G) ¿Ha hecho algo similar alguien que tú conozcas?

H) ¿Cómo te comportarías ahora en la misma situación, basándote en la información que has obtenido a través de la experiencia?

Repite este proceso cada vez que cometas lo que consideres un error grave. Cuando lo hagas, estarás más dispuesto a perdonarte a ti mismo y dejarás de culparte por errores inevitables.

2) Ahora haremos un ejercicio que te ayudará a ver que los errores son comunes. Al principio de un folio escribe «Todo el mundo comete errores, incluso los famosos». Debajo, a la izquierda, escribe el nombre de una persona conocida, ya sea actual o histórica, seguido de un error que cometiera. Puedes empezar por Colón, que descubrió América por error, o Napoleón, que cometió la equivocación de librar la batalla de Waterloo, o algunos presidentes de Estados Unidos que han cometido graves errores, tanto a nivel nacional como internacional. Haz una lista con al menos 20 personas famosas y un fallo que haya cometido cada una de ellas. Ahora titula otro folio «Todo el mundo comete errores, incluso

la gente que conozco». Sigue el mismo proceso que antes, pero con nombres y errores de gente que conozcas. Esto te puede resultar un poco más difícil porque a veces tendemos a ignorar los errores de los demás. Date un poco de tiempo para practicar este ejercicio y escribe también al menos 20 nombres. Un buen momento para practicarlo puede ser cuando empieces a quejarte de lo terribles que son tus errores.

AFIRMACIONES

— *Me doy la libertad de cometer todos los errores que sean necesarios.*

— *Me concedo la libertad de equivocarme.*

— *Siempre soy valioso, no importa el número de errores que cometa.*

— *Considero todo lo que me pasa como una oportunidad para aprender.*

— *Utilizo mis errores como experiencias de las que aprender.*

— *Me perdono todos mis errores.*

— *No soy mis acciones.*

— *Estaba equivocado y lo admito.*

— *Tengo derecho a equivocarme.*

— *No hay problema en equivocarse.*

— *Soy valioso incluso cuando no cumplo mis expectativas.*

— *Cuando no estoy seguro de qué hacer, considero las consecuencias.*

— *Aprendo de mis errores sin sentirme culpable o echarme la culpa.*

— *Cuando tomo decisiones, lo hago tan inteligentemente como puedo.*

— *No estoy solo, todo el mundo comete errores.*

— *Soy imperfecto, y admito mis imperfecciones.*

— *Soy comprensivo, paciente y amable conmigo mismo.*

— *Soy completamente valioso, incluso cuando cometo errores.*

— *Mis errores contribuyen a mi desarrollo personal.*

— *Me perdono por no conocer el efecto de mis acciones antes de llevarlas a cabo.*

La culpa

«… no importa lo horribles que nos puedan parecer nuestras acciones pasadas, nuestra vida comienza de nuevo cada día».

KEN KEYES, JR.

CREENCIA ERRÓNEA:
Debo sentirme culpable si hago algo mal.

«Si hubiera…», «si no hubiera…», «por qué hice…», «debería haber…». Estas frases, y muchas otras parecidas, son expresiones de culpa demasiado frecuentes. A pesar de que a menudo aceptamos los errores e imperfecciones humanas de los demás, una fastidiosa voz interior impide que nos perdonemos con la misma facilidad a nosotros mismos. Desde la infancia, nos han inculcado ciertas acciones que debemos llevar a cabo si queremos evitar el castigo y otras que debemos rechazar a toda costa. Las hemos oído de padres, amigos, escuelas, iglesias, organizaciones sociales y gobiernos. Cada uno tiene sus propios valores, código ético, reglas de conducta o leyes. Si somos contrarios a alguno de ellos, incluso si nadie lo descubre y nos reprende, nos castigamos a nosotros mismos sintiéndonos culpables.

El origen, desarrollo y objetivo de la culpa

¿Qué es la culpa?

La culpa no es sólo una emoción. Es una combinación de sentimientos que nos obligamos a experimentar a propósito para mostrar nuestra desaprobación hacia algunas de nuestras acciones: enfado porque nos hemos comportado mal, vergüenza porque creemos que hemos hecho algo indigno de nosotros e incomodidad por lo que puedan sentir los demás si descubren lo que hemos hecho. En otras palabras, la culpa es el deseo sincero de poder deshacer algo que hemos hecho o hacer algo que no hemos hecho, acompañado de sentimientos de odio hacia sí mismo y disgusto con uno mismo.

La culpa no es natural

Entramos en este mundo con la capacidad, pero no la habilidad, de sentir culpa. Aunque nuestros antepasados primitivos nos transmitieron ciertas respuestas instintivas para ayudarnos a sobrevivir, la culpa no se encuentra entre ellas. Nadie nace con una habilidad natural para sentir esta potente emoción negativa. La culpa sólo se puede experimentar en función de creencias sobre el bien y el mal. Si la sintiéramos cuando somos bebés, querría decir que nacemos con un sentimiento innato del bien y el mal, lo cual es claramente imposible. Sólo cuando empezamos a aprender sobre la vida comenzamos a etiquetar algunas acciones como «malas» y otras como «buenas».

Cómo aprendimos a sentir culpa

Los padres enseñan a sus hijos a experimentar la culpa de forma muy parecida a como se adiestra a los animales. Un adiestrador de perros, por ejemplo, que quiere que sus animales eviten ciertos tipos de comportamiento, los reprenderá diciéndoles cosas como: «¡Perro malo! ¡Te has portado mal!», o frases parecidas, cuando hacen algo que no le gusta.

Con nosotros pasó algo parecido. Si hacíamos algo que a nuestros padres no les gustaba, nos reprendían, diciéndonos lo malos que éramos y lo avergonzados que debíamos sentirnos por nuestras acciones. Si éramos demasiado jóvenes para entender sus palabras, entonces, como hacen los animales, percibíamos su descontento a través de sus expresiones faciales y el tono de su voz. Aunque no tuviéramos claro por qué nuestras acciones eran tan terribles, confiábamos tanto en la sabiduría de nuestros padres que aceptábamos su juicio sobre ellas y, por tanto, nos sentíamos culpables y avergonzados.

Por qué se nos enseña a sentirnos culpables

La culpa es una de las herramientas de manipulación más efectivas jamás descubierta. La usan frecuentemente los que creen que, por un motivo u otro, tienen derecho a controlar nuestro comportamiento. Cuanto más fácilmente puedan hacer que nos sintamos culpables, más fácilmente lograrán que nos comportemos como ellos quieren. Los más tendentes a sentirnos culpables somos los más fáciles de manipular.

Es fácil entender por qué nuestros padres empleaban la culpa como herramienta de enseñanza. Cuando éramos demasiado jóvenes para entender las consecuencias de nuestras acciones, explicarnos por qué o por qué no deberíamos hacer algo en particular no siempre era suficiente para alterar nuestro comportamiento. Hacía falta algo más fácil de entender para que nos portáramos bien. Asociando la culpa al comportamiento que les disgustaba, intentaban asegurarse de que siempre nos comportáramos como ellos querían.

Aunque normalmente se puede entrenar a los perros para que no toquen los muebles cuando los dueños están presentes, conseguirlo cuando no están es otra historia. Hay un aparato que se puede usar para evitar ese problema. Se pone debajo de un cojín en el mueble preferido del perro. Si el animal salta sobre él, su peso acciona una grabación de la voz del dueño que le regaña como si estuviera ahí. Del mismo modo, si los que nos enseñaron la culpa nos entrenaron bien cuando éramos niños, todavía evitaremos ciertas acciones que nos prohibieron, aunque como adultos seamos capaces de tomar nuestras propias decisiones al respecto. Si nos rendimos a la tentación y hacemos algo que se nos prohibió alguna vez, nos sentiremos tan culpables como si estuvieran mirando por encima del hombro.

Evocando la respuesta de culpa

Los tres tipos de culpa

1) **Culpa por transmisión oral.** Se nos ha enseñado a experimentar culpa cuando nos desviamos de los valores que aprendimos de niños. Sentimos este tipo de culpa cuando hacemos, o pensamos hacer, ciertas acciones que otros nos han dicho que están mal. Muchas veces no tenemos pruebas para demostrar que son realmente dañinas y nuestra propia experiencia no nos ha indicado que así sea. Lo único que sabemos es que *otros* creían que estaban mal y al convencernos de que sintiéramos culpa si caíamos en ellas, nos transmitieron sus creencias.

Algunas acciones entran en esta categoría como resultado de creencias que son poco más que supersticiones. Entre ellas, muchas de las acciones que se nos ha asegurado que son malas o pecaminosas. Por lo general, las aprendimos de nuestros padres, el clero u otras personas de buena voluntad que querían controlar nuestras acciones pensando que era por nuestro propio bien. Utilizaban la culpa para hacernos cumplir con los principios, la ética y la moral que a *ellos* les parecían apropiados, pero que no tienen que serlo necesariamente para nosotros.

Poco de lo que creemos que está mal lo rechazamos por decisión nuestra. Puede que los demás intentaran evitar que hiciéramos ciertas cosas simplemente porque iban en contra de sus deseos. Pero otros han realizado estas acciones supuestamente prohibidas sin efectos negativos, o nosotros mismos las hemos hecho y no hemos notado que pase nada terrible; hay muchas posibilidades de que la gente que nos enseñó estuviera equivocada. Fuera cual fuese su motivación, no hay razón para que sigamos sintiéndonos culpables por las creencias y preferencias de otros. Si lo hacemos, nos estamos castigando porque otro nos ha dicho que lo hagamos. Si todavía no hemos visto ninguna prueba del daño o la naturaleza destructiva de algunas de las cosas que nos prohibieron, puede que queramos plantearnos eliminar nuestros prejuicios sobre ellas de nuestra escala de valores.

2) **Culpa por accidente.** Normalmente nos sentimos culpables cuando nuestras acciones tienen un efecto inesperadamente indeseado. Aunque puede que siempre actuemos con la mejor de las intenciones, los hechos a veces se rebelan y causan resultados inesperadamente desagradables, como ilustra la siguiente historia:

Una iglesia local le pidió a un amigo mío que fuera el organista un domingo, mientras el habitual estaba de vacaciones. Al elegir la música para el servicio, mi amigo escogió un himno que una de las feligresas asociaba con su marido, que había muerto recientemente. Mientras tocaba el himno, la viuda, que todavía no se había recuperado de la muerte de su marido, empezó a llorar y tuvieron que sacarla de la iglesia. Aunque era imposible que mi amigo hubiera sabido cómo le iba a afectar a esta mujer la canción, se culpó por su dolor y su mal rato. A pesar de que se le aseguró repetidamente que no era culpa suya, se sintió culpable durante semanas. Estaba tan condicionado a sentirse así que, desde su punto de vista, el problema no era de la mujer (que quizá debía haberse quedado en casa hasta estar totalmente recuperada), ni del cura (que podía haber revisado la música que había elegido mi amigo), sino *suya* porque había elegido esa canción en concreto.

Si nos sentimos culpables en este tipo de situación es porque creemos:

a. que tenemos el poder de predecir el futuro y sabemos los efectos que nuestras acciones van a causar antes de realizarlas, y

b. es responsabilidad nuestra estar al tanto de la idiosincrasia individual de todo el mundo, los animales que no les gustan, sensibilidades y puntos flacos.

A menos que nos propongamos deliberadamente producir resultados desagradables, no hay razón para que nos sintamos culpables por no prever la respuesta de los demás. Nadie es tan inteligente como para predecir todas las posibles repercusiones de sus acciones.

3) **Culpa por empatía.** Nos sentimos culpables cuando hemos hecho *conscientemente* algo a alguien que no nos gustaría que nos hubieran hecho a nosotros. Si *hubiera* una

razón válida para sentirse culpable, sería ésta. Pero incluso este tipo de culpa es irracional e ilógica.

No tiene sentido culparnos por habernos comportado de cierto modo en el pasado. Si hubiéramos sabido lo que sabemos ahora, nos habríamos comportado de otro modo. Como no lo sabíamos, es estúpido y autodestructivo especular con las alternativas. Cada decisión que tomamos es la mejor y la única que *podemos* tomar en ese momento basándonos en nuestro pasado, conocimientos y atención. Podría ser apropiado sentirse culpable si al hacerlo alteráramos nuestras acciones pasadas, pero esto es claramente imposible. Lo que pasó, pasó. Castigarnos con culpa no nos ayudará ni a nosotros ni a nadie a quien hayamos dañado. Lo que podemos hacer, sin embargo, es imaginar la incomodidad o el dolor que hubiéramos sentido de haber estado en el lugar del otro. Es la mejor manera de intentar que ese tipo de comportamiento no se repita.

Si nos sentimos culpables por algo por lo que creemos que deberíamos pedir perdón o compensar, intentémoslo por todos los medios, a menos que nuestras intenciones de reparar el daño puedan empeorar la situación. Una vez hemos reconocido nuestro error, entendido por qué nuestras acciones fueron dañinas y decidido no repetirlas, ¿qué más podemos hacer? Regodearse en la culpa y castigarnos obsesionándonos con nuestros errores sólo hace que nos sintamos más miserables y disminuye aún más nuestra autoestima. Este tipo de comportamiento es más propenso a causarnos problemas que a evitarlos, y no mejorará la situación en lo más mínimo.

CONTRACREENCIA:

*La culpa es una respuesta inadecuada, dañina
e innecesaria a cualquier acción, no importa
lo grave de sus consecuencias.*

Por qué es dañina la culpa

¿Sirve para algo la culpa? Para nada. No tiene ninguna capacidad de redención. Empeora las situaciones, no las mejora. Es dañina en el plano mental, emocional y físico. Es un callejón sin salida, una pérdida de tiempo y energía que podrían emplearse en algo útil. No hay actividad más inútil y perjudicial que condenarnos por no poder cambiar el pasado.

La culpa afecta negativamente a nuestra autoestima

La culpa y la baja autoestima van de la mano. La culpa es un castigo emocional que nos infligimos basándonos en ilógicos sentimientos de falta de valía. Hace que nos sintamos lo más bajo entre lo bajo, basura, despreciables, horribles, indecentes y contaminados.

Cuando nos sentimos culpables, automáticamente dejamos de gustarnos. Es difícil que no sea así cuando nos desagrada nuestro comportamiento. ¿Cómo podríamos sentirnos si acciones de las que nos arrepentimos vuelven constantemente para recordarnos lo horribles que somos? Cuando nos sentimos culpables por algo, la potente emoción negativa que sentimos se «congela» en nuestra memoria, dándonos una vívida película mental de nuestros vergonzantes errores. Para intentar sentirnos mejor, los repetimos, esperando descubrir algún aspecto redentor que los haga parecer menos horribles de lo que los vemos. Por desgracia, esto suele tener el efecto contrario, y acabamos sintiéndonos peor con nosotros mismos, en lugar de mejor.

Un enfoque racional de la culpa

Podemos aprender de nuestros errores si dejamos de condenarnos por cometerlos. La culpa, en vez de ayudarnos a mantener una mente abierta para aprender de faltas pasadas, inhibe nuestro pensamiento y cierra nuestras mentes a la posibilidad de crecer en esa área en particular. Al asociar constantemente sentimientos dolorosos a nuestros errores de juicio, la culpa *aumenta*, en lugar de disminuir, la probabilidad de repetirlos. Por otro lado, si nos negamos a que la culpa entorpezca nuestra mente, lo aprendido de nuestra experiencia nos ayudará a evitar el mismo tipo de error en el futuro.

No es necesario recordar continuamente errores pasados para aprender de ellos. Lo que debemos hacer es recordar la lección y olvidar la situación que la originó. Por el bien de nuestra paz mental, debemos recordar siempre que toda la culpa del mundo no nos ayudará a cambiar **nada** del pasado. Cuando nos tiente sentirnos culpables, debemos recordarnos que –como todo el mundo– somos seres humanos imperfectos con debilidades y limitaciones. Nada de lo que hemos hecho, no importa lo horrible que a nosotros o a nadie le parezca, es tan malo como para no perdonarnos por ello. Esto es lo que debemos aprender a hacer, porque si no somos capaces de perdonarnos a nosotros mismos, da igual quién nos perdone.

AUMENTA TU CONCIENCIA

1) Piensa en algo que hayas hecho últimamente que te haga sentir culpable. Usando el siguiente formato, haz una lista de hechos sobre la situación:

A) Describe qué pasó.

B) ¿Cuáles fueron los pensamientos que te llevaron hasta el incidente?

C) ¿Hiciste daño intencionadamente?

D) ¿Se te ocurrió antes que lo que ibas a hacer podía tener consecuencias desagradables?

E) ¿Por qué actuaste de ese modo?

   1. ¿No eras consciente de que tu comportamiento podía causar problemas?

   2. ¿No te diste cuenta de la seriedad de tus acciones?

   3. ¿Te comportaste como haces habitualmente?

F) ¿Te ha hecho alguien alguna vez algo parecido?

G) ¿Qué voz es la que oyes diciéndote que deberías estar avergonzado de lo que has hecho?

H) ¿Produjeron tus acciones un perjuicio a alguien o no causaron daño aparente?

I) ¿Si te enfrentaras a la misma situación ahora, repetirías el mismo comportamiento, sabiendo lo que sabes ahora?

Quizá la pregunta más importante es: «¿Repetirías tu comportamiento, sabiendo lo que sabes ahora?». Si no lo harías, y a no ser que haya acarreado consecuencias inexorables, has pagado suficiente por tu error.

Repite este proceso cuando realices algo que haga que te sientas culpable. A medida que lo repitas, te volverás más comprensivo y dispuesto a perdonarte a ti mismo, y dejarás de culparte por errores inevitables.

7 Cambiar a los demás

«*Nada queremos cambiar más que los hábitos de los demás*».

MARK TWAIN

«*Puede que pensemos que el otro se está comportando como un idiota, pero debemos aprender a concederle a todo el mundo el derecho de ser un idiota a su manera*».

LEWIS F. PRESNALL

El comportamiento humano a menudo deja mucho que desear

A veces, el comportamiento de los demás supone una dura prueba para nosotros. Y cuanto más estrecha sea la relación, más probable es que nos irrite. ¿Por qué nos alteran tanto las acciones ajenas? En algunos casos son sus costumbres, manías, formas de hablar, puntos de vista o actitud hacia la vida en general. Otros nos exasperan por ser descorteses, brutos, desagradables, ofensivos o por no tener en cuenta nuestras necesidades, deseos y sentimientos. Ya sean cosas serias o sin importancia, cuando el comportamiento de los demás nos molesta, estamos dispuestos a ejercer una notable presión para intentar convencerlos de que lo cambien.

Convencemos a los demás de que cambien

Somos sumamente creativos cuando intentamos variar un comportamiento que no nos gusta de alguien. Le señalamos sus errores, en la creencia inocente de que estará deseando cambiar cuando le mostremos que existe un problema. Puede que expresemos nuestros deseos como una petición razonable o como cuestión de principios, explicándole cuánto nos molesta su comportamiento y lo felices que seríamos si lo cambiara. Si esto no da resultado, estamos dispuestos a repetir nuestro sermón indefinidamente, poniendo cada vez más carga emocional en él. Si esto no funciona, probamos con miradas desaprobatorias, una incomodidad sombría, berrinches infantiles y, en casos especialmente difíciles, con ira. De hecho, disponemos de todo un arsenal de técnicas de manipulación que podemos emplear para convencer a los demás de que sean como nosotros queremos. Los corregimos, recordamos, instamos, engatusamos, suplicamos, rogamos, chinchamos, fastidiamos, insultamos, sonsacamos, lloriqueamos, amenazamos, coaccionamos o intimidamos, por mencionar sólo algunas. ¡Lo realmente sorprendente de este comportamiento no es qué hacemos para convencer a los demás de que cambien, sino lo detestablemente que podemos llegar a comportarnos *nosotros*, con la intención de que *otros* cambien!

Los problemas que plantea cambiar a los demás

Rara vez tenemos éxito

Intentar convencer a la gente de que cambie puede resultar extremadamente frustrante. Nuestros esfuerzos no son apreciados, o encontramos mucha hostilidad. Y lo peor de todo es que normalmente fracasamos, es muy raro que los cambios que deseamos se produzcan. Si repasamos nuestros intentos pasados, veremos que los fracasos superan ampliamente a los éxitos. Aunque a veces pueda parecer que lo hemos logrado, se trata a menudo de victorias pasajeras; justo cuando creemos que nos hemos librado de un problema concreto, aparece de nuevo con otra forma. Si conseguimos convencer a alguien de que cambie, será casi siempre a costa de mucha amargura y malos sentimientos entre nosotros y aquel a quien intentamos cambiar.

Nuestros intentos de cambiar a los demás pueden ser contraproducentes y producir el efecto opuesto al que deseábamos. Esto ocurre porque, cuanto más incidamos en algún aspecto del comportamiento de alguien, ya sea bueno o malo, más probable es que éste aumente. Curiosamente, cuando creemos que nos estamos acercando a nuestro objetivo, estamos reforzando el comportamiento que tantas ganas tenemos de erradicar.

Si a pesar de nuestra notoria falta de éxito seguimos intentando cambiar a la gente, está claro que no hemos entendido en qué hemos fallado: lo que queremos no sólo es difícil, sino prácticamente imposible. No importa cuánta energía estemos dispuestos a invertir en ello, los resultados de nuestro esfuerzo pueden resumirse en pocas palabras: fútiles, inútiles, decepcionantes y desesperantes.

Por qué fracasan nuestros esfuerzos

Como en muchos otros aspectos, nuestras dificultades para convencer a los demás de que se comporten como queremos radican en algunas creencias que no se ajustan a la realidad. Por eso nuestros esfuerzos rara vez tienen éxito.

Creencias incorrectas sobre cambiar a los demás

CREENCIA ERRÓNEA:

Los demás deberían comportarse según mis reglas.

Damos por sentado que nuestra inteligencia, nuestras ideas sobre lo bueno y lo malo, nuestra ética, moral, sentido de la justicia, bondad inherente, modales u otros aspectos de nuestra estructura mental o psicológica son mejores que los de los demás. *Nuestra* manera de hacer las cosas es la correcta y la suya está *equivocada*. Si no lo creyéramos así, no seríamos tan insensibles o hipócritas como para asumir que tenemos derecho a juzgarlos. La egoísta inocencia con la que asumimos sin ningún problema que somos moral o intelectualmente superiores a otros y nuestra exigencia de que adopten *nuestras* creencias y *nuestra* forma de hacer las cosas resultarían cómicas si no fuera porque hacen mucho daño a gente inocente.

¿Tenemos alguna prueba, aparte de nuestra opinión, de que nuestras ideas sean mejores o más adecuadas que las de otros? ¿O algo que demuestre sin lugar a dudas que nuestros modales, creencias o acciones sean preferibles a las suyas? No. Indefectiblemente, acabamos decepcionados cuando intentamos imponer nuestros ideales, valores o expectativas a los demás, porque ellos tienen las suyas. Aunque podamos convencernos *a nosotros* de que sabemos qué es lo mejor para los demás, encontraremos una enconada resistencia al intentar convencerlos a *ellos*. Desde su punto de vista, somos *nosotros* los que estamos actuando de forma equivocada. ¡Sus ideas son las correctas y las nuestras, incorrectas! Todo el tiempo que hemos estado intentando que se adaptaran a *nuestras* ideas sobre lo bueno y lo malo, ellos han estado esperando que nosotros nos adaptemos a las *suyas*.

CONTRACREENCIA:
Las reglas de comportamiento de los demás pueden
ser válidas, aunque sean diferentes de las mías.

****

CREENCIA ERRÓNEA:
La gente debería estar dispuesta a cambiar
sólo porque yo lo quiera.

Esta creencia ignora el hecho fundamental de que los demás actúan igual que nosotros: son como son porque creen que es lo mejor, aunque sólo sea por evitar la incomodidad que supone cambiar.

A menos que podamos darles unas razones extraordinariamente convincentes para que cambien, lo más probable es que se queden exactamente igual que están.

No es que la gente sea incapaz de cambiar: pueden, y lo harán si creen que realmente les va a resultar beneficioso, y que hacerlo mejorará las cosas de un modo u otro. Rara vez encontraremos a alguien dispuesto a cambiar solamente porque queramos que lo haga.

CONTRACREENCIA:
Si quiero que alguien cambie su comportamiento
porque yo se lo pida, he de estar dispuesto
a ofrecerle algo como incentivo.

****

CREENCIA ERRÓNEA:

Mi comportamiento no molesta a los demás
tanto como el suyo me molesta a mí.

Esta creencia se debe a que estamos tan preocupados por nosotros mismos que no prestamos atención a los que nos rodean. Es cierto que debemos aceptarnos plenamente, incluidos nuestros defectos, pero tenemos que darnos cuenta de que los que nos rodean no siempre serán de la misma opinión. Si supiéramos la verdad, puede que a los otros les moleste nuestro comportamiento incluso más de lo que a nosotros nos desagrada el suyo. Si parecen menos deseosos de cambiarnos de lo que nosotros estamos de cambiarlos a ellos, probablemente no se deba a que nuestro comportamiento sea más llevadero, sino a que ellos sean más tolerantes.

CONTRACREENCIA:
Aunque soy libre de rechazar las acciones de otros, no debo
olvidar que es posible que ellos desaprueben las mías con la
misma intensidad.

****

CREENCIA ERRÓNEA:

Si no me gusta algo del comportamiento de otro
es responsabilidad suya cambiarlo.

Las razones que esgrimimos cuando le pedimos a alguien que cambie *parecen* sensatas: le decimos que es por su propio bien, o que es la forma correcta de hacer las cosas, o que sólo queremos lo mejor, etc. Nuestras verdaderas razones, sin embargo, son bastante menos altruistas.

Los esfuerzos por convencer a los demás de que están equivocados son una cortina de humo tras la que escondemos el meollo de la cuestión. La verdadera pregunta no sería cómo conseguir que cambien los demás, sino ¿por qué esperamos que cambien? *¿Por qué, cuando nuestras relaciones no marchan como querríamos, asumimos en seguida que es culpa de la otra persona?* Por un motivo totalmente práctico, ya que si logramos convencerla de que es *su* obligación cambiar, *nosotros* nos libramos de la pesada y desagradable tarea de tener que cambiarnos. Etiquetando *su* comportamiento como «equivocado» y el *nuestro* como «correcto» intentamos hacerle sentir que tiene que cambiarlo para mejorar la situación.

Pero ¿tenemos *derecho* a esperar o pedir eso a la gente para evitar cambiarnos nosotros? Por supuesto que no. No es responsabilidad de nadie hacernos sentir bien, sino nuestra.

CONTRACREENCIA:
Si no estoy contento con el comportamiento de alguien y
a menos que afecte a mis derechos legítimos,
tengo que cambiar yo, no el otro.

¿Qué nos impide cambiarnos? Nada. No nos resulta más complicado cambiar nuestro comportamiento que el de otros. Es más, la única persona sobre la que tenemos control absoluto y, por tanto, *podemos* cambiar, es uno mismo.

Si no estamos contentos con nuestras vidas, tenemos que mirar a nuestro interior, no al exterior. Si nos molesta el comportamiento de alguien, en lugar de esperar que cambie, podemos solucionar el problema eligiendo no irritarnos. Mientras creamos que son los otros los causantes de nuestros problemas, seguiremos intentando cambiarlos. ¡Pero no funcionará, porque la solución está en nuestro interior, no en ellos! Mientras no aceptemos que somos *nosotros* los que necesitamos cambiar y no los demás, estaremos

desperdiciando un tiempo precioso intentando curar la enferme-
dad equivocada.

Todos tenemos derecho a ser diferentes

La tolerancia es un valor preocupantemente escaso en nues-
tros días, tanto en nosotros como individuos como en la sociedad
en general. Tendemos a confundir nuestras preferencias con impe-
rativos morales: olvidamos que la gente no es mala simplemente
porque lleven a cabo acciones que no nos gusten. Insultarlos o eti-
quetarlos de «malos» no los *convierte* en malos, igual que llamar
océano a un charco no le añade ni una gota de agua. Aunque recha-
cemos las acciones de alguien si no se corresponden con nuestros
deseos, los demás solamente están ejerciendo su derecho a hacer,
ser y pensar como quieran. A menos que su comportamiento sea
físicamente lesivo, intencionadamente dañino o menoscabe los
derechos de otros, lo que haga la gente es sólo asunto suyo.

Por mucho que nos cueste entenderlo, están en su derecho de
ser como son, *nos guste o no*. Debemos permitirles tener sus propias
opiniones y ver las cosas a su manera. Debemos concederles la
libertad de ser como *ellos* desean, aunque no coincida con *nuestros*
gustos.

Tienen derecho a vivir como les plazca, sin ajustarse a nues-
tras expectativas. Dejarles vivir su vida a su aire no es un favor que
les concedemos, simplemente les estamos dando lo mismo que
pedimos para nosotros, la libertad de ser como queramos. No tie-
ne que gustarnos lo que hagan los demás ni tenemos que estar de
acuerdo con sus valores, pero es esencial para nuestra salud emo-
cional que aprendamos a aceptarlos como son.

Ventajas de dejar a los demás ser como quieran

La vida nos resultará a todos mucho más agradable cuando aprendamos a aceptar nuestras diferencias en lugar de quejarnos de ellas. Darles vueltas a las imperfecciones de la gente, sean imaginarias o reales, sólo impide que apreciemos sus aspectos positivos. Si comprendemos que los demás se nieguen a cambiar simplemente para hacernos el mundo más agradable, conseguiremos evitar mucha infelicidad y sentimientos dolorosos. Cuando dejamos de manipular el comportamiento de otros y abandonamos nuestros prejuicios sobre cómo deberían comportarse, sus actos ya no nos molestan.

Cambiar esta actitud también nos beneficia a nosotros, porque cuando somos intolerantes no lo somos sólo con los demás. Si seguimos criticando a otros, nuestra actitud intransigente acaba impregnando nuestros sentimientos sobre nosotros mismos, y nuestra autoestima se debilita. Por el contrario, si adoptamos una actitud más tolerante, intentando aumentar nuestra comprensión y negándonos progresivamente a juzgar o condenar a otros, nos volvemos más compasivos y menos acusadores, no sólo con respecto a los demás sino también hacia nosotros mismos. Además, una vez hayamos aceptado completamente el comportamiento ajeno, es problema suyo y no nuestro, y tendremos mucho más tiempo para mejorarnos a nosotros mismos.

Un cuento

Hace mucho tiempo, en una tierra muy lejana, vivía un rey infeliz. En muchos aspectos estaba satisfecho con su vida. Tenía un palacio precioso, súbditos que lo adoraban, sirvientes que cumplían todos sus deseos y, en general, una vida bastante agradable. Pero a pesar del lujo que lo rodeaba, el rey no estaba satisfecho. Lo que más deseaba era caminar por su reino y visitar a sus súbditos. Dado que su vida era tan feliz, quería mejorar la vida de su pueblo. No había podido cumplir este deseo porque su reino era muy rocoso. Tanto es así que cuando caminaba por él, las plantas de sus pies (que eran *extremadamente* sensibles) se llenaban de cortes y golpes, tanto que no podía caminar sin gran dolor.

Un día el rey tuvo una idea. Mandó llamar a los sabios del reino a palacio. Seguramente, pensó, combinando sus conocimientos podrían encontrar la solución al problema. Cuando se reunió la asamblea, el rey explicó la situación y preguntó cuánto tardarían en encontrar una respuesta. Tras consultarlo con los demás, el sabio más anciano, dijo: «Dadnos tres días, majestad, y tendremos la respuesta». «Que así sea», dijo el rey, y los condujo a la sala del consejo para que trabajaran sin distracciones.

Los tres días transcurrieron rápidamente para los sabios. No importaba cuántas ideas se les ocurrieran, ninguna les parecía viable. Al fin, en la noche del tercer día, mandaron un mensaje al rey. Anunciaron que tenían la solución y que se la presentarían a la mañana siguiente.

El rey entró expectante en la sala del trono al día siguiente. Miró atentamente a los sabios. De nuevo habló el más anciano: «Majestad, la solución es matar todas las vacas del reino, y una vez que se curta su cuero, ponerlo en el suelo para cubrir las rocas y proteger vuestros pies». «¿Cuánto tardarán?», preguntó el rey, esperando que estuviera finalizado en unos pocos meses. «Diez años, majestad», contestó el sabio.

«¡Diez años!», bramó el rey. «Para entonces quizá esté muerto. Si ésta es la mejor solución que me ofrecéis, quizá debería empezar con *vuestras* pieles.» (No lo hubiera hecho, por supuesto; a pesar de su aristocrático mal genio, era un rey muy *justo*.)

Pero entonces, el bufón de la corte, que se había colado en silencio cuando el sabio departía con el rey, habló desde una esquina de la habitación del trono: «Con permiso, majestad, ¿no sería más fácil matar sólo *una* vaca y, tras curtir el cuero, cortarlo y coserlo para cubrir vuestros pies, en vez de todo el reino?».

Y así fue como se inventaron los zapatos y el rey aprendió que a veces es más fácil cambiarse un poco uno mismo que intentar cambiar todo el mundo.

Aumenta tu conciencia

1) En una hoja, escribe el nombre de alguien con quien te relaciones a menudo, que haga algo que no te guste. (Es mejor empezar este ejercicio con alguien que te altere un poco, los comportamientos que tengan un gran efecto negativo es mejor dejarlos para cuando tengas más práctica.) Después, escribe lo que te molesta de esa persona. Ahora imagina que estás con ella y que la ves hacer eso que te molesta. En vez de enfadarte, repítete algo como: «No me afecta en absoluto la costumbre de John de hacer ruido cuando come. John hace lo que le conviene a él, no lo que me conviene a mí. La vida no es igual para John que para mí. No puedo esperar que comprenda cómo me afecta su comportamiento mejor de lo que yo pueda entender cómo le afecta el mío. Acepto que no puedo controlar sus acciones».

Si practicas este ejercicio de forma continuada usando como base varios amigos y relaciones, juzgarás cada vez menos a la gente, *incluido a ti mismo*. La idea es llegar a un punto en que aceptes que la única vida que tienes derecho a cambiar es la tuya.

2) Dibuja una línea para dividir un folio en dos. En la parte de la izquierda escribe los nombres de aquellos cuyo comportamiento te molesta y al lado las acciones que te resultan desagradables. En la otra columna, frente a cada nombre, escribe A) comportamientos tuyos que haya criticado esa persona o, si no los hay, B) comportamientos tuyos que sepas que otros han comentado negativamente.

Asegúrate de que no usas tu comportamiento «cuestionable» como argumento para condenarte y reprocharte a ti mismo. Este ejercicio pretende demostrar que también nosotros incurrimos en comportamientos reprobables. La próxima vez que te dispongas a criticar a alguien recuerda que otros también pueden estar deseando que cambies tanto como tú deseas que cambien ellos.

3) Dedica 15 minutos al día a abstenerte de emitir juicios. Acuerda contigo mismo no criticar, quejarte, condenar o hacer juicios de valor sobre nada o nadie durante este tiempo. Si al principio 15 minutos te resulta demasiado, divídelos en tandas de 5 minutos. Cuando consigas hacerlo los 15 seguidos, añádele otros 15. Sigue así hasta que desarrolles la costumbre de no enjuiciar.

4) Piensa en alguien que no te guste y haz una lista de por qué no te agrada. Dado que todo el mundo es como es por un motivo, intenta imaginar qué tipo de experiencias pueden haber provocado que esa persona haya desarrollado los hábitos que no te gustan. ¿Te comportarías tú de la misma manera si hubieras vivido las mismas experiencias? Si no, ¿qué haría que tú te comportaras de forma similar? Repite este ejercicio hasta que repases toda la gente o los comportamientos que te disgustan.

AFIRMACIONES

— No echo la culpa a los demás, porque sé que lo hacen lo mejor que pueden en todo momento.

— Acepto el derecho de los demás a ver la realidad a su manera.

— Les concedo a los demás la libertad de vivir la vida como quieran, independientemente de cómo piense yo que deben vivirla.

— Dado que todos lo hacemos lo mejor que podemos, siento empatía y compasión por los demás.

— Acepto que todos lo hacemos lo mejor que podemos en nuestro estado actual de conciencia.

— Acepto a los demás sin juzgarlos, ni a ellos ni su comportamiento.

— Todo el mundo lo hace lo mejor que puede, dadas las limitaciones de su comprensión.

— No culpo a los demás de mis problemas o mis errores.

— Acepto que soy incapaz de controlar a la gente o las circunstancias.

— No tengo ningún derecho a intentar controlar las acciones de los demás.

La competencia

*«...actuamos de forma competitiva porque se
nos enseña, porque todo el mundo a nuestro
alrededor lo hace, porque nunca se nos ocurre
dejar de hacerlo, y porque en nuestra cultura
parece ser un requisito para triunfar».*

ALFIE KOHN

CREENCIA ERRÓNEA:
*Mi valía se puede medir por el grado de éxito
que tenga en situaciones competitivas.*

Ser un triunfador, ser capaz de superar a otros en situaciones
competitivas, tiene un gran valor en nuestra sociedad. Debido a la
importancia que le damos a ganar, cualquier tipo de competición
goza de mucha relevancia en nuestra vida. Antes de que seamos
suficientemente adultos como para comprender el mecanismo de
la competición, nos hemos convertido ya en competidores invo-
luntarios contra otros bebés, porque nuestros padres están ansio-
sos por ver cuál es el más guapo, el más grande, el más listo, quién
sonríe más, o quién empieza a andar o hablar antes. Cuando entra-
mos en la escuela se espera de nosotros que nos involucremos en
deportes y otras actividades competitivas.

Nuestros esfuerzos competitivos no se limitan a pruebas organizadas. Competimos por las mejores notas, por ser los mejores deportistas o por tener los sueldos más altos en el trabajo.

Utilizamos nuestra casa, profesión y círculo social como escenario para demostrar nuestras habilidades, y probar (aunque sólo a nosotros mismos) que somos la pareja más cariñosa, la persona más amigable o útil de la academia, o el más inteligente y elegante de nuestros amigos.

Nos resistimos a abandonar nuestras tendencias competitivas incluso en vacaciones, y nos dedicamos a jugar a los bolos, al tenis o al golf. Las reuniones sociales están llenas de gente jugando a las cartas o a juegos de mesa. Si no podemos competir o ganar personalmente, nos identificamos con ciertos atletas o equipos, nos involucramos en sus competiciones, celebramos sus victorias y nos regodeamos con el reflejo de su gloria.

Nuestro deseo de ser vistos como ganadores se explota cada vez más: concurso del bebé más guapo, del abuelo más *sexy*, del chico más guapo, de la reina del baile, Miss Universo, Míster personalidad, y así hasta el infinito. Prácticamente cualquier cualidad, característica, atributo, talento, destreza o habilidad que se pueda medir se ha tomado como base para algún concurso.

Dado que la competencia invade cada parcela de nuestra existencia, no es de extrañar que crezcamos creyendo que se trata de una parte ineludible de la vida. Estamos tan acostumbrados a competir que, para muchos, nuestra existencia sería baldía si no pudiéramos medir nuestros progresos comparándonos con los demás. Esto es tan flagrante que un observador objetivo podría preguntarse si hay *algún* aspecto de nuestra vida que esté ajeno a nuestro continuo afán de competitividad.

Mitos sobre la competición

Se han esgrimido muchas razones para explicar por qué competimos. Son ideas agresivas que se usan para justificar comportamientos ambiciosos. Estas ideas, populares pero erróneas, tienden a otorgarle a la competitividad un aura de respetabilidad, argumentando que competir es natural y beneficioso.

¿Es natural competir?

Se ha enunciado la teoría de que la «naturaleza humana» nos hace competir, que éste es un rasgo intrínseco de nuestra especie y que es inevitable. Si esto fuese cierto, sin embargo, *todas* las culturas tendrían actividades competitivas. Pero las pruebas antropológicas muestran que hay sociedades para las que la competición es un concepto totalmente extraño. Además, para que algo pueda considerarse un rasgo humano, tiene que ser característico de todos los seres humanos desde el principio de los tiempos. Las pruebas no se sostienen. Si la competitividad nos resulta natural es porque desde la infancia nos hemos visto inmersos en la idea de que no sólo es inevitable, sino incluso *deseable*.

¿Saca la competición lo mejor de nosotros?

Hay quienes creen que la competición saca lo mejor de nosotros, animándonos a esforzarnos más y permitiéndonos alcanzar resultados mejores que los que se obtienen en condiciones no competitivas. Un examen de los hechos demuestra lo contrario. En lugar de sacar lo mejor de nosotros, la competición nos deshumaniza y hace que veamos a los otros competidores como obstáculos que hay que superar en nuestro camino hacia la cumbre, como objetos en vez de como *personas*.

La competición estrecha nuestro campo de visión y limita nuestras opciones. Si el motivo principal para tomar parte en competiciones es ganar en lugar del puro placer de la actividad, nuestro miedo al fracaso nos hace restringir nuestros objetivos a aquellos en los que creamos que podemos ganar. En vez de animarnos a hacerlo lo mejor que podamos, nos urge a ser mejor que otro.

Competir no nos inspira para mejorar. Al contrario, nos distrae de lo que debería ser nuestro principal objetivo: hacerlo lo mejor que podamos. Cuando competimos no podemos concentrarnos plenamente en lo que estamos haciendo, porque tenemos que estar constantemente pendientes de cómo van los demás. Al competir no buscamos conseguir algo o mejorar por el simple hecho de hacerlo, sino porque refuerza nuestro ego.

En vez de obtener mejores resultados, la competitividad nos aboca a un estéril conformismo. Dado que los competidores que buscan la misma meta tienen que seguir las mismas reglas, cuanto más trabajan para superarse unos a otros, más parecidos se vuelven. En lugar de animarnos a explorar nuevos territorios, esta actitud de imitar restringe nuestra perspectiva, haciéndonos ajenos a cualquier cosa que esté fuera del limitado camino que nos hemos marcado. En vez de incentivarnos a ser creativos y hallar formas nuevas, la competición nos fuerza a quedarnos en las que ya existen.

¿Nos ayuda la competitividad a mejorar nuestra confianza en nosotros mismos?

Los defensores de la competitividad destacan la importancia de ésta para reforzar nuestra confianza personal, diciendo que desarrolla un sentimiento de valía y mejora nuestra autoestima. Por desgracia, en vez de hacer que nos sintamos bien con nosotros mismos, la competición consigue lo contrario. Cualquiera que se haya visto obligado a competir (lo que en nuestra cultura quiere decir todo el mundo) ha experimentado la vergüenza y las dudas internas que provoca la derrota. Esto es inevitable, porque en cada competición existe la oportunidad de quedar en ridículo, de ser vistos como perdedores y de parecer inferiores públicamente, *para casi todos los participantes*. Por su naturaleza, la competición implica que *casi todos* los competidores pierdan *casi siempre*. El verdadero peligro para nuestra autoestima es que lleguemos a equiparar nuestro éxito con nuestra valía como personas. De este modo, si perdemos varias veces, empezamos a interiorizar el fracaso y a considerarnos no sólo como el que *ha perdido*, sino como *un perdedor*, sintiéndonos inferiores porque no hemos conseguido ganar.

Incluso la supuesta autoconfianza que conseguimos cuando ganamos dura poco, porque en realidad al final la victoria refuerza nuestra inseguridad. Es cierto que por un breve periodo estamos en las nubes, emocionados por nuestro éxito y borrachos por el sabor de la victoria. Sin embargo, una vez desaparece la embriaguez inicial, empiezan a aparecer las dudas. Esto es inevitable, porque no existe la victoria «definitiva». Tras vencer a los demás una vez, debemos intentar *seguir* ganándoles. Si queremos mantenernos en la cima, no podemos descansar. Al contrario, debemos intensificar nuestros esfuerzos, sabiendo siempre que algún día seremos *nosotros* quienes estemos a un lado viendo a otro recibir el trofeo que poco antes era nuestro. Si conseguimos el título de «ganador» podemos estar seguros de que es sólo prestado, ya que en ese mismo momento habrá otros trabajando para superarnos, sólo para ser superados a su vez en otro momento.

Por qué competimos

¿Qué hay detrás de nuestro deseo de competir? Nuestro entusiasmo puede tener una base financiera, como grandes premios económicos u objetos valiosos que se otorguen al vencedor. Pero lo cierto es que son relativamente pocas las situaciones competitivas que ofrecen incentivos económicos. Así que si no es por dinero, *¿por qué* competimos? Porque tenemos la autoestima baja y pensamos que la competición es una forma de probarnos a nosotros y a los demás nuestra valía personal.

Competimos para conseguir el reconocimiento de los demás

Participamos en actividades competitivas porque deseamos el reconocimiento de los demás. Tomar parte en una competición constituye simplemente un intento de conseguir aprobación a gran escala. Creemos que cuanto más impresionante sea la victoria, mayor será la aprobación. Ganar supone que recibiremos la aclamación de la gente, su aplauso y su reconocimiento de nuestra superioridad. Quiere decir que al menos por una vez destacaremos y le demostraremos a todo el mundo que no somos un gris don nadie sino alguien especial. Como campeones atraemos la atención de los demás y pensamos que cuando los otros se fijan en uno, entonces se *es* alguien. Nuestro objetivo es demostrarle a todo el mundo lo únicos y valiosos que somos.

Competimos para conseguir nuestra propia aprobación

Competimos no porque tengamos *fe* en nosotros mismos, sino porque *no* la tenemos. Alimentada por un sentimiento personal de inseguridad, la imperiosa necesidad de probarnos nuestra valía nos lleva a buscar el protagonismo donde sea. Consideramos el hecho de ganar algo como una muestra de ella. Si competimos y ganamos, conseguimos el reconocimiento de los demás, y al hacerlo, nos creemos mejores. En otras palabras, queremos la aprobación de los demás para usarla como trampolín para nuestros sentimientos de autoaceptación. Nuestra meta es convencernos firmemente de que somos mejores de lo que creemos ser. Confiamos en que esto acallará la irritante voz interior que nos recuerda constantemente que no servimos para nada.

Creemos que ganar aumenta nuestra valía

Tendemos a pensar que los que ganan son mejores, no sólo en el área en el que han demostrado su superioridad, sino *en general*. Al otorgarle excesivo valor a la victoria, nos infravaloramos si fallamos en situaciones competitivas, como si los ganadores fueran mejores que los perdedores. Pero ganar no nos convierte en más válidos, ni tiene el más mínimo efecto sobre nuestra valía como personas.

CONTRACREENCIA:
Mi valía como ser humano es totalmente independiente de mi comparación con los demás, tanto en situaciones competitivas como no competitivas.

Por qué es tan peligrosa la competición

Al contrario de la creencia popular, la competición nos convierte a todos en perdedores, sin importar nuestra posición al final de la misma. Para competir tenemos que compararnos, y hacerlo produce un efecto más negativo que positivo. Que nuestra cultura le dé tanta importancia a la competitividad no es prueba de su grandeza, sino de nuestra inseguridad individual y colectiva.

No hay duda sobre lo dañino de la competición. Es un proceso inútil. Para que yo consiga lo que quiero, o sea, «ganar», otro debe *no* conseguir lo que quiere, o sea, «perder». Al buscar *nuestra* meta tenemos que impedir que otros consigan la *suya*. En otras palabras, la competición nos permite ganar sólo si pierden otros. Y cualquier actividad estructurada para que una persona se sienta bien a costa de que todos los demás se sientan mal sólo puede considerarse *dañina y destructiva*.

Competir nos hace dependientes

La competición, por su propia naturaleza, lleva hacia una dependencia degradante. Cuando competimos, ponemos a otros por encima de nosotros, tomándolos como guía o estándar con el que medirnos y calificarnos. Al ajustar nuestras acciones para copiar las suyas, dejamos que nos controlen *externamente*, y no *interiormente* como deberíamos.

Intentar mejorar nuestra autoestima intentando superar a los demás no funciona porque quiere decir que dependemos de ellos para obtener nuestro sentimiento de valía. Depender de los fallos de otros para sentirnos valiosos debilita nuestra autoestima, en lugar de reforzarla. Al competir intencionadamente, nos mostramos no como ganadores, sino como inseguros individuos de segunda que deben triunfar sobre los demás para tener un sentimiento de valía personal.

La vida sin competitividad

La vida en sí misma no es competitiva, pero hay mucha gente que sí lo es y hace que parezca que lo es. Competir no es deseable ni necesario. Si nos sentimos bien con nosotros mismos, optaremos por no competir porque no tendremos necesidad de probar nuestra valía a nadie, incluidos nosotros mismos. En vez de competir, nuestro objetivo debería ser desarrollarnos como individuos, ser lo mejor que podamos, sin preocuparnos por lo bien o mal que lo hagan los demás.

En contra de la creencia popular, eliminar la competitividad de nuestras vidas no hará que disminuyan nuestros esfuerzos, sino que aumenten. Sin la presión de la competición seguiremos intentando hacerlo lo mejor posible, no porque sea importante para superar a los demás, sino porque desarrollar nuestras habilidades al máximo produce satisfacción personal. En cuanto a calidad del trabajo, hay una diferencia enorme entre las acciones generadas por un deseo de superar a los demás y las inspiradas por un deseo de hacerlo bien.

No deberíamos considerar la vida como una carrera, sino como un agradable viaje, donde todo el mundo sigue su camino, en vez de correr para alcanzar o superar a otros. Como dice Alfie Kohn, «la verdadera alternativa a ser el número uno no es ser el número dos, sino ser psicológicamente libre para ignorar todas las clasificaciones».

AFIRMACIONES

— *Dado que todos somos diferentes, las comparaciones son inútiles.*

— *Soy un individuo único con destrezas y torpezas únicas.*

— *Ganar o perder no mide el grado de valía personal.*

— *Es imposible probar mi valía mediante mis acciones o logros.*

— *No permito que me preocupen el miedo al fracaso o a la derrota.*

— *Mi valía como persona es independiente de lo bien que haga las cosas.*

— *No necesito competir.*

— *La competición no es deseable ni necesaria.*

— *No me convierto en mejor persona si gano ni en peor si pierdo.*

— *Desarrollar mis habilidades, destrezas y talentos al máximo produce satisfacción personal.*

El perfeccionismo

«En el mundo no existen la per-
fección ni la certeza absoluta y es
irracional querer encontrarlas».

GERALD KRANZLER

«... el deseo de perfección es la peor enferme-
dad que jamás ha sufrido la mente humana».

RALPH WALDO EMERSON

CREENCIA ERRÓNEA:
Es importante hacerlo todo a la perfección.

La génesis del perfeccionismo

Los perfeccionistas no nacen, se hacen

Hay padres que exigen cosas poco realistas a sus hijos. Se olvi-
dan de su propia infancia y de las limitaciones que ésta conlleva y
juzgan a sus hijos como si fueran adultos. Se les olvida que los niños
no tienen la coordinación, la comprensión o la sofisticación nece-
sarias para manejar una situación con la rapidez o eficacia de un
adulto.

A pesar de sus buenas intenciones, unos padres tan exigentes
resultarán difíciles de complacer y raramente estarán satisfechos.

Independientemente de lo que hagan sus hijos o lo bien que lo hagan, siempre quieren que se esfuercen un poco más, que trabajen un poco más y que lo hagan un poco mejor. Enarbolan la idea de la perfección delante de sus hijos como una zanahoria delante de un burro y los agobian con ejemplos de adultos con los que comparan sus acciones de niños.

Pocas veces los halagos de estos padres son totalmente sinceros: siempre contrastan lo bien que lo *han hecho* sus hijos con lo bien que *podrían* haberlo hecho. Con esto creen que los incentivan para hacerlo mejor la próxima vez. Si no cumplen las expectativas poco realistas de sus padres, éstos suelen encargarse de decirles lo decepcionados que están. Para enfatizar aún más su disgusto, los padres perfeccionistas retiran su amor y su aprobación a los hijos cuando no están satisfechos con ellos. Así les enseñan que el amor y la aprobación no sólo son condicionales, sino que dependen de alcanzar un nivel de perfección que ellos muy pocas veces, por no decir nunca, llegan a alcanzar.

A los ojos de un niño

De niños, nuestros padres eran las personas más importantes para nosotros, e intentábamos desesperadamente agradarles. Al ser demasiado jóvenes para darnos cuenta de que eran ellos los que se equivocaban al exigirnos tanto, nos echábamos la culpa de no cumplir sus expectativas.

Con el tiempo, llegamos a aceptar sus críticas acerca de nuestras habilidades como verdades indiscutibles. Empezamos a vernos a nosotros mismos como imperfectos, incapaces de dar la talla. Al oír el mensaje «no das la talla» repetido una y otra vez, lo interiorizamos y no lo aplicábamos sólo a lo que hacíamos, *sino también a nosotros mismos*. Así empezamos nuestra trayectoria como perfeccionistas y comenzamos el descenso en nuestra autoestima.

Aunque puede que los que nos criticaban originalmente ya no estén con nosotros, y puede que hasta hayan muerto, sus palabras se han convertido en parte nuestra. Basándonos en recuerdos de nuestras imperfecciones imaginarias, hemos creado un crítico interno, y ahora nos criticamos a nosotros mismos. Hemos hecho nuestra una necesidad de perfección y de infalibilidad que originariamente procedía de otros.

Retrato de un perfeccionista

¿Qué quiere decir ser perfeccionista? Quiere decir que no importa cuánto nos esforcemos en algo o lo bien que lo hagamos, casi nunca estamos satisfechos, siempre vemos formas de mejorarlo. En otras palabras, al creer que la perfección es posible, nos ponemos metas poco realistas e inalcanzables.

Como perfeccionistas creemos que vamos a encontrar la perfección a la vuelta de la esquina. Pensamos que con una mejora más, con otro pequeño cambio, todo estará perfecto. «¡Vaya!», decimos, «¿cómo no me he dado cuenta de *eso*? Bueno en cuanto arregle *esto* y cambie un par de cosas, estará perfecto.» Por supuesto que en cuanto hacemos esos cambios vemos *más* aspectos que hay por modificar, y así indefinidamente.

Síntomas del perfeccionista

Cuando caemos en las garras del perfeccionismo, es raro que se presente en un único aspecto de nuestra existencia. Como una enfermedad contagiosa, el perfeccionismo se extiende por todo nuestro sistema inundándolo.

Perdemos el tiempo en detalles poco importantes

Cuando creemos que la perfección es una meta posible y deseable, perdemos mucho tiempo en detalles sin importancia. Le ponemos el palito a todas las «tes» y el puntito a todas las «íes» en trabajos poco importantes. Nos atrancamos en detalles triviales y consumimos mucho tiempo en tareas relativamente breves y sencillas. Repasamos de nuevo trabajos que ya hemos revisado, aunque no vaya a verlos nadie aparte de nosotros. Cuando queremos que todo sea perfecto, resulta difícil establecer prioridades. Nos cuesta tomar decisiones porque hemos llegado a dudar de nuestro juicio sobre nuestras habilidades. Para nosotros no existe el «ya está bien», siempre decimos «un poco mejor». Desde nuestro punto de vista perfeccionista, el viaje nunca acaba, el proyecto nunca está completo. No importa cuánta gente nos asegure que lo hemos hecho bien, creemos que lo dicen sólo porque su nivel de exigencia es menor que el nuestro.

En lugar de buscar metas asequibles, queremos soluciones ideales. Creemos que hay una respuesta perfecta a todos los problemas, y que si trabajamos muy duro mucho tiempo, seguramente la encontraremos. Así que seguimos corrigiendo, cambiando, reestructurando y mejorando, buscando la perfección como el tesoro de Alí Babá.

Insistimos en estar en lo cierto

Como perfeccionistas, nuestros sentimientos de inferioridad se reflejan en la desesperada necesidad de estar en lo cierto. Nos agrada resaltar los errores de los demás. Al hacerlo intentamos ponernos por encima de ellos, para no sentirnos tan mal con nosotros mismos. Podemos llegar a hacer cosas ridículas para demostrar que estamos en lo cierto. Buscamos faltas ortográficas (si somos buenos en ortografía), errores de protocolo (si estamos seguros de que nuestros modales son impecables), fallos en la moral (de acuerdo con nuestros valores, por supuesto) o cualquier otra cosa que nos haga parecer superiores, con todo el derecho a pregonar los fallos de los demás.

El dolor que supone el perfeccionismo

Ser perfeccionista no es divertido

Los perfeccionistas rara vez nos encontramos satisfechos con nosotros mismos, ya que siempre estamos trabajando para mejorar. Creemos que cuanto más perfectos parezcamos, más se nos amará y aceptará. Pensamos que cuantos menos defectos nos vea la gente, menos nos criticarán y, por tanto, menos razones tendremos para no gustarnos. No nos vemos como perfeccionistas, por supuesto, sino sólo como gente con un nivel de exigencia muy alto.

Estamos muy preocupados por nuestro aspecto, comportamiento, actitud y cualquier otra cosa que no sea lo perfecta que creemos que debe ser. Al medir nuestra valía por nuestro grado de perfección, nunca nos gustamos lo suficiente. En vez de valorarnos por ser como somos, luchamos por un sentido de valía artificial intentando vivir conforme a unos cánones ilógicos que se nos inculcaron de niños.

Exigirnos la perfección es muy restrictivo. Como la idea de no ser perfectos nos aterra, nos limitamos a aquello que sabemos que se nos da bien, evitando cuidadosamente cualquier aventura que pueda mostrar nuestra falta de perfección a otros o a nosotros. Somos incapaces de comprender que a veces hacer algo es más importante que hacerlo bien, y rechazamos actividades divertidas en las que puede que no seamos muy buenos.

La mente del perfeccionista es terreno abonado para los problemas emocionales. Al ponernos el listón demasiado alto, nos garantizamos la infelicidad. Nos flagelamos por no poder alcanzar lo inalcanzable. Nos enfadamos porque casi nada es tan perfecto como nos gustaría. Nos sentimos culpables porque estamos seguros de que nuestro trabajo no está a la altura. Lo que consideramos nuestras imperfecciones nos frustran y exasperan, y nos culpamos por ellas. Intentamos en vano perfeccionar toda nuestra vida y nos sentimos desesperanzados y deprimidos. Finalmente, el abatimiento nos abruma cuando nos damos cuenta de que nunca seremos perfectos.

Cómo daña el perfeccionismo a nuestra autoestima

Dado que la perfección es casi imposible de alcanzar, nuestra incapacidad para lograrla hace que nos sintamos fracasados e ineptos. Creemos que la imperfección se nos pega como una lapa. A pesar del teatro que hacemos cara a los demás, en nuestro fuero interno, pensamos que no damos la talla, que tenemos que mejorar mucho para llegar a ser lo buenos que creemos que debemos ser. Al equiparar nuestra capacidad de ser perfectos y de hacerlo perfectamente con nuestra valía como personas, nos sentimos inútiles de forma crónica porque nunca creemos ser o hacer lo suficiente. ¿Cómo podemos pensar bien de nosotros mismos si estamos rodeados de pruebas de nuestra imperfección?

La verdad sobre los perfeccionistas

Por extraño que parezca, la perfección no es la verdadera meta del perfeccionista, sino sólo el medio para conseguir algo: el amor y la aceptación que no obtuvimos de nuestros padres cuando éramos pequeños. Desarrollamos una obsesión por la perfección al relacionar nuestra capacidad para satisfacer a nuestros padres con nuestro valor como personas. Como perfeccionistas, estamos atrapados en el laberinto del pasado, buscando aún la aprobación que no recibimos de niños. No ansiamos la perfección porque sea deseable en sí misma, sino por los sentimientos de «bondad» y «valor» que asociamos con ella.

CONTRACREENCIA:
La perfección o la falta de ella no tienen nada que ver con nuestra valía personal. Luchar por la perfección es innecesario y en la mayoría de los casos contraproducente.

La perfección sólo existe en nuestra mente

Es absurdo tomarse en serio la perfección, porque no existe. Se trata de una fantasía, un ideal autodefinido, una abstracción que sólo existe en la mente de la gente. Vivimos en un mundo imperfecto, rodeado de circunstancias imperfectas y de gente imperfecta. Como demuestra la historia, los seres humanos siempre hemos sido imperfectos. Nuestro aspecto no es perfecto, nuestra conducta no es perfecta, y como seres humanos que somos, nunca seremos perfectos. ¡Ser imperfecto no es sólo (perfectamente) aceptable, sino que además es inevitable!

De todas maneras ¿cómo de perfecto es perfecto? Casi cualquier cosa se puede mejorar indefinidamente de un modo u otro. El secreto reside en saber cuándo parar. No hay nada de malo en intentar mejorar nuestros resultados anteriores, pero tenemos que decidir de antemano en qué momento será «lo suficientemente bueno». Toda tarea tiene un grado de perfección adecuado a ella. No hace falta el mismo grado de perfección para cortar el césped que para tallar un diamante o para manejar explosivos peligrosos. El pensamiento perfeccionista es simplemente un hábito que hemos adquirido y del que podemos liberarnos poniéndonos metas realistas en todo lo que hacemos.

Liberarnos de nuestro perfeccionismo

Al suponer que existe un paralelismo entre nuestra habilidad para conseguir la perfección y nuestro valor como persona, disminuimos nuestra autoestima innecesariamente. La verdad, por supuesto, es que nuestro valor como persona es independiente de *todo*, incluido lo bien o lo mal que hagamos las cosas. No somos menos valiosos por dejar el trabajo sin terminar que si lo terminamos con una precisión fanática. ¿Y las voces que nos impulsan incesantemente a la perfección? Ellas, al igual que nuestro concepto de perfección, no son nuestras, solamente algunas que tomamos prestadas de otros hace mucho tiempo.

Nuestra plenitud y valía humana están ahí, no son cualidades ligadas a nuestra capacidad para hacer algo perfectamente. Nuestro valor intrínseco no es un premio que ganamos por una vida dedicada al incesante perfeccionamiento de nosotros mismos; es nuestro derecho de nacimiento. Nuestra ambición no debe ser *hacerlo* todo perfecto, sino entender que no tenemos por qué y darnos cuenta de que la perfección, más que una meta deseable, es una de las mayores barreras para querernos y aceptarnos sin críticas.

AUMENTA TU CONCIENCIA

1) ¿Qué personas te criticaban de niño y te decían que no eras lo suficientemente bueno? Cuando los identifiques escribe sus nombres en un papel. Junto al nombre escribe algunas de las cosas que te decían. Si no se te ocurre ninguna frase, haz el proceso al revés: piensa primero qué te dices a ti mismo cuando no estás contento con el trabajo que has hecho y después busca quién te lo decía cuando eras niño. Una vez identificados tus críticos, estarás mejor preparado para responderles.

2) Elige una tarea que vayas a realizar hoy o mañana. Decide ahora cómo de exhaustiva ha de ser. Establece un límite en el que digas «hasta aquí». Convierte en un hábito el ponerte límites realistas, y serás más feliz y más productivo.

AFIRMACIONES

— *Ser imperfecto es perfectamente aceptable.*

— *Merezco la pena por mal que haga las cosas.*

— *Puedo desconectar cuando he hecho las cosas suficientemente bien, aunque no estén perfectas.*

— *Dejo de trabajar en algo cuando está lo bien que ha de estar.*

— *Evito detenerme en detalles innecesarios.*

— *Me pongo metas razonables y realistas.*

— *No hay problema en no ser perfecto.*

— *La perfección no existe.*

— *Mi valía como persona es independiente de lo bien que haga las cosas.*

— *Me doy cuenta de que mi deseo de perfección es un mecanismo de copia del pasado muy poco efectivo.*

— *Me acepto y pienso bien de mí mismo cuando hago algo mal.*

— *Luchar por la perfección no me hará más digno de amor ni más valioso.*

La manipulación

10

«¡Cuántos problemas se evita el que no se preocupa por lo que dice, hace o piensa su vecino, sino sólo por lo que hace él!».

MARCO AURELIO

CREENCIA ERRÓNEA:

Es una falta de consideración no hacer lo que mis amigos me piden que haga.

Con demasiada frecuencia hacemos cosas que nos pide la gente, no porque queramos sino porque no parece haber forma de evitarlo. Aguantamos a parientes pesados, hacemos de chófer, hacemos favores que implican un gran sacrificio o incomodidad por nuestra parte, somos amables con gente que no nos importa especialmente, recogemos lo que dejan por medio los demás, no hacemos ciertas cosas porque alguien cree que no deberíamos hacerlas, realizamos otras porque alguien piensa que tendríamos que hacerlas y hacemos lo que sea para evitar molestar a alguien, por poner algunos ejemplos.

Incluso mientras llevamos a cabo estas cosas nos preguntamos: «*¿Por qué lo hago?*». Sabemos intuitivamente que algo no cuadra, pero a menudo somos incapaces de averiguar qué es. Y lo peor, aunque a veces intentamos desesperadamente evitar estas desagradables situaciones, nos sentimos impotentes porque no sabemos cómo negarnos. Normalmente nos sentimos víctimas, y por un buen motivo. Por regla general, respondemos con irritación, ira y resentimiento. No es de extrañar. Aunque no seamos conscientes de ello, sentimos que hemos perdido de alguna manera el control de nuestra vida y se lo hemos cedido a otros.

¿Por qué, si nos disgustan tanto estas situaciones, permitimos que nos arrastren a ellas? Sin excepción, porque nos han presionado. Nos han convencido de que es nuestro deber hacer ciertas cosas que no queremos hacer o, en otras palabras, nos han *manipulado*.

¿Qué es la manipulación?

La **manipulación** *es hablar o actuar sobre otra persona con la intención de que responda de una forma determinada, pero sin que descubra nuestras intenciones.*

Cómo funciona la manipulación

El manipulador intenta introducirse en nuestra mente, por así decirlo, para descubrir nuestras motivaciones y analizar nuestras reacciones. Cuando se ha hecho una idea de cómo pensamos, utiliza ese conocimiento a su favor, induciendo un poco de culpa por aquí, un poco de miedo por allí y consiguiendo de nosotros lo que quiere, a base de manejar nuestras debilidades igual que un músico maneja su instrumento.

Si algún conocido sabe que nos enfadamos cuando se menciona cierto tema y lo saca a colación para enfadarnos, es un manipulador. Cuando una mujer que sabe que nos gusta considerarnos generosos nos habla del regalo tan caro que le han hecho, esperando que nosotros le compremos algo aún más caro para mantener nuestra imagen, es una manipuladora. Los padres que intentan que sus hijos saquen mejores notas comparándolos con otros estudiantes mejores, son manipuladores, igual que lo son los hijos cuando intentan convencer a sus padres de que les compren algo porque «todo el mundo tiene uno».

Donde más se ejerce la manipulación es en publicidad. Los buenos creadores de anuncios nos convencen de que compremos objetos que nunca se nos ocurriría adquirir si no nos hubieran convencido de que las necesitamos. Usando las técnicas típicas del manipulador, nos acaban convenciendo de que compremos algo haciéndonos sentir culpables o insinuando que nos falta algo.

Nos gusta creer que somos pensadores independientes, que somos capaces de tomar nuestras propias decisiones y elegir nuestro camino. Pero si somos fácilmente manipulables, hay muchas posibilidades de que hagamos las cosas no porque *nosotros* queramos, sino porque *otros* nos han convencido de que deberíamos hacerlas.

Motivos para manipular

El objetivo del manipulador es convencernos de hacer algo que él piensa que deberíamos hacer y que cree que no queremos realizar. Como los manipuladores suelen ser bastante egoístas, por lo general es algo que les beneficia personalmente *de un modo u otro*. A pesar de lo parecido de sus motivaciones, las razones para manipular varían de una persona a otra. Normalmente, sin embargo,

recurren a la manipulación porque se cumple alguno de los
siguientes hechos:

– *Tienen miedo de pedírnoslo directamente por si nos nega-
mos*. Hay personas que tienen tan mala opinión de sí mis-
mas que piensan que a nosotros tampoco nos gustan y creen
que no les haremos caso. Tienen tan poca capacidad de
negociación *real* que intentan crearla artificialmente.
– *Tienen poca consideración hacia los derechos y los senti-
mientos de los demás*. Normalmente, a los manipuladores
les preocupan muy poco los demás. Creen que lo que quie-
ren que hagamos es más importante que cualquier cosa que
podamos querer hacer nosotros.
– *Intentan conseguir poder*. Como es lógico, los manipulado-
res se sienten muchas veces débiles, inseguros e impotentes.
Si pueden controlar nuestras acciones tienen un sentimien-
to temporal de fuerza y autoridad.
– *Son incapaces o no quieren hacer lo que nos piden que
hagamos*. Hay gente que no puede conseguir lo que quie-
re, y se ve obligada a depender de otros. En lugar de nego-
ciar honestamente, intentan engañarnos para que los ayudemos.
– *Están convencidos de que merecen ciertas recompensas por
su relación con nosotros*. Los familiares muchas veces pien-
san que les debemos algo, por el mero hecho de ser parien-
tes. Utilizan la excusa de la relación para justificar su com-
portamiento egoísta y arrogante.

Algunos manipuladores recurren a lo que podríamos llamar
«manipulación benevolente». Creen que está justificado engañar-
nos porque sus motivos son totalmente honestos.

— *Creen que su moral o su concepto de lo bueno y lo malo es mejor que el nuestro*. Esta engreída y egoísta creencia anima a la gente a intentar guiar nuestras acciones para reflejar sus ideas de lo que está bien, en vez de la nuestra.

— *Creen que lo hacen por nuestro bien.* Hay gente que honesta pero incorrectamente cree saber lo que nos conviene. Sus intentos de manipularnos implican que somos demasiado ignorantes o demasiado estúpidos para saberlo por nosotros mismos.

— *Creen que el fin justifica los medios.* Algunos manipuladores creen que sus objetivos son tan importantes que no les importa en absoluto pisotear los derechos de quien se interponga entre ellos y sus metas.

Aunque los manipuladores «benevolentes» no son egoístas puesto que no se benefician directamente de sus esfuerzos, siguen pensando en sí mismos, porque creen que tienen el derecho de imponernos sus deseos. Sin importar lo elevado que ellos crean que son sus ideales, sus acciones no son menos dañinas que las de los manipuladores por motivos menos «nobles».

Las herramientas del manipulador

¿Cómo nos convencen los manipuladores de que hagamos lo que ellos quieren, sobre todo si no queremos hacerlo? Los buenos manipuladores nos inculcan un sentimiento de obligación para convencernos de que es aconsejable que hagamos lo que nos dicen o sugieren. Dado que las emociones negativas son ideales para conseguirlo, son las mejores herramientas del manipulador. Como hay tantas, tienen una buena gama donde elegir.

Culpa

Ésta es una de las herramientas de manipulación más útiles y versátiles, lo que explica su gran popularidad. Insinuando que hemos hecho algo que no debíamos o que no hemos hecho algo que debíamos haber hecho, los manipuladores intentan que nos sintamos culpables, y a menudo lo consiguen. No es necesario que realmente hayamos *hecho* algo que ellos piensen que está mal. Puede que nos critiquen incluso por haber pensado hacerlo o por situaciones en las que no tomamos parte o no teníamos control. Aunque se nos haya dicho con otras palabras, casi todos cuando niños hemos oído: «¿No te sientes culpable por dejarte comida en el plato cuando hay gente muriéndose de hambre?», como si limpiar nuestro plato fuera a mejorar la situación de quienes se van a la cama con hambre todas las noches.

Al ser tan universal en su aplicación, la culpa aparece en una variedad de disfraces manipulativos, algunos de los cuales enumeramos a continuación:

Hacer daño a los demás. Aunque no somos responsables de los sentimientos de los demás, a casi todos se nos ha educado para creer que sí. Así que cuando alguien nos dice que le haremos daño si nos comportamos de forma diferente a sus deseos, solemos hacer lo que nos piden para evitar la culpa que sentiríamos de otra manera. Si ya hemos hecho algo que les disgusta, intentan manipularnos para que seamos menos «desconsiderados» la próxima vez, tratando de inculcarnos el daño que les hemos hecho.

Falta de consideración. Algunos vendedores son maestros en hacer sentir culpable a la gente. Lo hacen para ponernos en posición de tener que comprarles cualquier objeto que nos vendan. La vendedora de seguros que nos describe una pesadilla horrible de lo que podría pasarle a nuestra familia si no estamos asegurados es una experta en provocar el sentimiento de culpa. Igual que el vendedor de neumáticos que nos dice lo negligentes que somos al llevar a nuestra familia en un coche con unos neumáticos peores que los que nos vende, que son, casualmente, más caros.

La prueba de amor. A veces intentan manipularnos diciéndonos que no los queremos lo suficiente, o nada, si no hacemos lo que quieren que hagamos. Exigen que les demostremos nuestro amor haciendo cualquier cosa que nos pidan, como si se pudieran demostrar así los sentimientos. Lo curioso es que cuando alguien nos pide que les demostremos *nuestro amor* de esta manera, está claro que no nos *quiere*. Cuando alguien quiere a otro, no insiste en que le obedezca como un perro fiel. Los que nos piden esto nos ven más como una propiedad que como a una persona.

Pobrecito de mí. Otra forma de manipular es la de aproximarse a la víctima de forma pasiva, pareciendo indefensos, indecisos y dependientes. En lugar de dedicar el tiempo a aprender a cuidar de sí mismos, lo invierten en convencernos de que son tan débiles que apenas pueden mover un dedo sin nuestra ayuda. Normalmente parecen tan patéticos que si no los ayudamos nos sentimos avergonzados y nos cargamos con culpa como para parar un tren.

Grandes esperanzas. A veces intentan influenciarnos diciéndonos lo que esperan de nosotros. Al hacerlo, nos dejan claro que tenemos dos opciones: cumplir sus expectativas y hacerlos felices, o no conseguirlo y desilusionarlos. En ambos casos, nos recuerdan que sus sentimientos dependen de nosotros, y que el cielo nos asista si los decepcionamos.

Aprobación o desaprobación

La gente que sabe que nos importa su aprobación puede amenazarnos con retirárnosla si no hacemos lo que ellos quieren. A veces el manipulador es sincero en cuanto a lo que desea, y nos da las opciones, permitiéndonos elegir. A pesar de su aparente sinceridad, este enfoque también es manipulativo. Quienes lo usan están seguros de que elegiremos mantener su aprobación o si no, no lo harían de esta manera.

Otros usan una variante de esta técnica, prometiendo que nos querrán o que les caeremos bien si hacemos lo que nos piden. Este tipo de oferta suena como si el amor fuera un premio que se da al mérito en el trabajo o a un servicio bien hecho. Es bastante seguro decir que el «amor» que recibimos por agradar a alguien de esta manera no suele merecer la pena, por muy poco que nos cueste.

Las siguientes estrategias de manipulación están basadas en la aprobación y desaprobación:

Enfado. Ser objeto del enfado o fuerte desaprobación de alguien puede resultar una experiencia terrorífica. En cuanto la gente descubre que puede manipularnos enfadándose o fingiendo enfadarse, lo usarán siempre que les convenga. Sin embargo, mientras sepamos que no va a desembocar en violencia física, este tipo de enfado no ha de preocuparnos. Si alguien quiere que nos comportemos de cierta manera y lo único que nos ofrece a cambio es contener su enfado, está claro que salimos perdiendo en este acuerdo. Si alguien opta por gastar su energía emocional de manera tan peregrina, debemos ser corteses y permitirles que se enfaden tanto como quieran.

Influencia de otros. Esta popular estrategia consiste en lo siguiente: el manipulador comenta una acción que nos disponemos a ejecutar y nos pide que la reconsideremos porque cree que la gente (especialmente el propio manipulador) lo vería mal. Si cree que no está consiguiendo su objetivo, puede que intente reforzar su posición nombrando a una autoridad exterior cuya opinión es imposible de verificar, como Dios o familiares fallecidos («Si te oyera tu madre...»).

Criticarnos. Si alguien quiere que realicemos una acción en particular, nos amenaza llamándonos «cobarde» y cosas por el estilo, si no lo hacemos. Esta actitud de patio de colegio sólo funciona si valoramos la opinión de la otra persona y creemos que pensará mejor de nosotros si hacemos lo que nos pide. Lo más probable, no obstante, es que piense peor de nosotros por ser tan fácilmente manipulables. Cuando vemos cómo intenta manipularnos, nos damos cuenta de que su opinión nos resulta poco importante.

Adular. Este tipo de manipulación debería ser la más fácil de descubrir, pero solemos tener tan mala opinión de nosotros mismos que no lo es. Si alguien está dispuesto a colmarnos de elogios, nos tragamos todo lo que dice y esperamos más. Los halagos consiguen que nos sintamos bien temporalmente, y por tanto los disfrutamos. Es útil recordar que la gente que ofrece elogios gratuitos suele tener segundas intenciones, y la adulación es su forma de que piquemos el anzuelo. A largo plazo nos damos cuenta de que sus halagos no merecen el precio que tenemos que pagar por ellos.

Comparación desfavorable. En esta técnica, el manipulador nombra a otra persona que es superior a nosotros en algún aspecto y nos presiona para que cambiemos diciéndonos que no somos como ella. Éste es uno de los métodos preferidos por los padres para controlar a sus hijos, por su sencillez. Pero como pronto descubren los padres, tiene una desventaja. La mayoría de los niños aprenden rápidamente a aplicársela a sus padres, comparándolos con otros padres que les dan a sus hijos más libertad, los dejan quedarse hasta más tarde y cosas así.

Aunque las tácticas de manipulación basadas en la culpa y la aprobación son las más comunes, las que se basan en el miedo, el deseo o la cabezonería también se usan:

Miedo a las consecuencias. La gente que usa esta técnica emplea amenazas para añadirle más poder de convicción a sus exigencias: si hacemos (o no hacemos) algo, nos dicen, luego lo lamentaremos. Por supuesto, si hay verdaderos o potenciales peligros relacionados con algo que vayamos a hacer y alguien nos informa de ellos, su intento de avisarnos no es manipulador. Muchas veces, sin embargo, los avisos que recibimos son vacíos y están destinados sólo a convencernos de que actuemos como ellos quieren.

Crear deseos. Para conseguir los resultados que desea, el manipulador nos dice lo bien que nos sentiremos o lo bueno que será nuestro futuro si compramos el producto o servicio que vende. Comentarios típicos de este tipo de manipulador son: «Piensa lo bien que te sentirás si…» o «Te hará mucho bien…» o «¿No serías más feliz si…?». Poca gente se preocupa tanto por nuestro bienestar como este tipo de manipulador quiere hacernos creer que *él* lo hace.

Intención paradójica. Éste es un enfoque diferente de la manipulación, y sólo funciona cuando tendemos a llevar la contraria. Si somos así, el manipulador sólo tiene que sugerirnos que hagamos lo contrario de lo que realmente quiere que hagamos. Entonces, si nos comportamos como somos, haremos lo que él quiere, en lugar de lo que nos sugirió.

Manipulación ilimitada

Si consideramos los métodos de manipulación que hemos repasado, está claro que la gente puede hacer cualquier cosa para controlar nuestras acciones. Dada la aparentemente infinita creatividad del ser humano, la manipulación puede adoptar casi cualquier forma y darse en cualquier situación. Los buenos manipuladores son conscientes de que seguramente no haremos lo que ellos quieren sin algún tipo de incentivo. Por tanto, estarán dispuestos a crear cuidadas mentiras para convencernos de que hagamos lo que desean. Para evitar caer en sus trampas, hemos de recordar que:

CONTRACREENCIA:
A menos que esté en deuda con alguien por mi propia
voluntad, no tengo obligación de asumir responsabilidades o
hacer cosas sólo porque alguien quiera que lo haga.

A menos que estemos en una situación jefe/empleado o hayamos acordado una compensación, podemos decir «no» cuando alguien nos pide algo. Una cosa es cumplir algo con lo que nos hemos comprometido de modo consciente y otra es sentirse obligado a hacerlo simplemente porque *otros* han decidido que debemos hacerlo.

Los efectos dañinos de la manipulación

No es buena idea pensar que otros les van a dar tanta importancia a nuestras necesidades como a las suyas porque difícilmente lo harán. No podemos confiar en que otros hagan lo mejor para *nosotros* porque su principal objetivo es hacer lo mejor para *ellos*. Para el manipulador no hay ninguna duda sobre qué bienestar es más importante, el nuestro siempre será secundario.

La manipulación es deshumanizante. Los manipuladores no nos ven como otros seres humanos con sus propios derechos. Nos ven como alguien a quien controlar, alguien a quien sacarle algo, un objeto que se puede mover como una pieza de ajedrez para satisfacer sus necesidades y deseos. Al tratarnos como un objeto, empezamos a sentirnos como si lo fuéramos. Cuando nos manipulan, perdemos el control sobre nuestra vida que tan importante es para nuestra autoestima, tanto en hechos como en sentimientos.

Por qué permitimos que nos manipulen

Primero, a menos que nos demos cuenta de los engaños del manipulador, no seremos conscientes de que no tenemos que hacer necesariamente lo que nos piden. *Segundo*, no queremos correr el riesgo de ofender a otro. Queremos su aprobación, y nos da miedo decir «no» porque tememos dejar de gustarles. *Tercero*, es probable que la manipulación nos parezca natural. Se usa tanto que seguramente nosotros la usamos con otros y no notamos nada raro cuando la usan con nosotros. *Por último*, si nos damos cuenta de que estamos siendo manipulados y protestamos, se nos darán las mismas razones para que cumplamos que las que se nos daban cuando éramos niños. Como éstas nos resultan tan familiares, normalmente no las cuestionamos.

Evitar la manipulación

¿Cómo escapar de las garras del manipulador?

Tenemos que familiarizarnos con las técnicas del manipulador. Cuanto más las conozcamos, más fácil nos resultará evitarlas. Si a pesar de nuestros esfuerzos, descubrimos que nos han manipulado para hacer algo que no queríamos hacer, hemos de ver cómo ha ocurrido y cómo evitarlo en el futuro.

Tenemos que dejar de manipular a los demás. Para evitar caer en sus demandas irracionales, hemos de dejar de hacer nosotros esas peticiones. Cuando nos enfrentamos a un problema, podemos resolverlo manipulando las *circunstancias* que lo rodean, no a *la gente*. Cuando hayamos eliminado la manipulación de nuestro comportamiento, será mucho más fácil esquivar los intentos de los demás por esclavizarnos. En vez de considerarlas peticiones legítimas que debemos cumplir, las reconoceremos como lo que son. No intentamos cambiar a los manipuladores porque eso sería manipular. En lugar de eso, cambiamos nuestra respuesta a sus intentos y, al hacerlo, les dejamos claro que pierden el tiempo con nosotros.

Tenemos que aprender a decir «no» y creérnoslo. Hay gente a la que le gustaría ajustar nuestro comportamiento y hacer la vida más agradable o conveniente para ellos. Cuando dejemos de caer en sus intentos de manipularnos, nos dirán que somos egoístas, que sólo pensamos en nosotros, que no atendemos a razones, que somos desconsiderados, y un montón de otras cosas que quieren decir que no hacemos lo que ellos quieren. Esto es normal. Quienes más se quejen y pongan más objeciones a nuestra nueva actitud, serán los que más pierdan con nuestra nueva libertad.

Es fácil entender que no quieran perder el control que tenían sobre nosotros, porque implica que tendrán que ocuparse de sí mismos o buscar otra persona a la que manipular. Si queremos dejar de ser sus víctimas, tenemos que estar dispuestos a afrontar su desaprobación.

Otra cosa que debemos recordar: tantos años tratando con manipuladores nos ha creado la falsa idea de que tenemos que dar explicaciones a la gente cuando no queremos hacer algo que nos piden. Esto es totalmente falso. ***No tenemos que dar explicaciones,*** *razones o excusas cuando no queremos hacer algo. Es suficiente con que no queramos. Y punto.*

Nuestra responsabilidad

No tiene nada de malo hacerles favores a los demás, siempre que lo hagamos voluntariamente y no porque nos presionen. Además, no tenemos motivos para sentirnos manipulados si estamos dispuestos a hacer cosas por los demás, aunque hayan intentado manipularnos para que lo hagamos. Nuestra responsabilidad básica no es, sin embargo, hacia los demás, sino cuidarnos a nosotros y evitar dañar a los otros en el proceso. Esto no quiere decir que debamos ignorar nuestras responsabilidades con los que tienen peticiones legítimas que hacernos, pero tampoco que tengamos que aceptar sus ideas de lo que es o no es nuestra obligación.

Si queremos disfrutar más de la compañía de los demás y tener relaciones mutuamente más agradables, enriquecedoras y sin engaños, tenemos que evitar la manipulación desde cualquier perspectiva, ya sea como víctima o como ejecutor.

AUMENTA TU CONCIENCIA

1) Divide una hoja en dos columnas. En la de la izquierda escribe algo que te hayan dicho o hecho para hacer algo que no querías hacer. En la de la derecha, escribe una respuesta que pudieras haber dado para mantener el control de la situación. Continúa hasta que no tengas más situaciones.

Para entender cómo completar el siguiente paso, imagina que un conocido te dice «Si no me dejas 50 euros, no voy a poder pagar el alquiler. No querrás ser responsable de que me echen de casa, ¿no?». Esta persona ya te ha pedido dinero prestado antes, sabes que vive por encima de sus posibilidades, y que es difícil que te devuelva el dinero. Por tanto, no quieres prestárselo.

Anteriormente, sus presiones y los sentimientos de culpa que te ha inducido a sentir te han hecho ceder. Dado que este tipo de gente suele conocer la respuesta a todas las objeciones típicas que se suelen plantear, usarlas suele ser una pérdida de tiempo. Ahora, sin embargo, vas a preparar tu estrategia con antelación, para mantener el control en una situación similar. ¿Qué es lo mejor que puedes hacer en este tipo de situación? No has de mentir, tienes que ceñirte a los hechos, para poder hablar convencido de lo que dices. Tu estrategia: contestas «no tengo dinero para prestarte». Esto no es mentira, sino un hecho. Si no quieres prestarle dinero, no tienes dinero para prestarle, y eso es un hecho. No estás diciendo que no lo tienes, lo que sería mentira, sólo que no tienes para prestar. Para completar el proceso, repite la afirmación varias veces para decirla con seguridad.

Sigue este proceso para cada punto de tu lista. Primero, repite lo que se te ha dicho o hecho. Después, prepara una respuesta honesta que te permita evitar hacerlo y tercero, di firmemente (en voz alta o en tu mente) lo que referirás exactamente en el futuro para escapar de esa situación en concreto. En algunos tipos de manipulación sirve de ayuda simplemente parafrasear lo que ha dicho el otro y empezar la frase con «tú crees…» para indicar que eso es sólo la opinión de los demás. Repite cada una de tus respuestas varias veces hasta que te sientas cómodo con ellas y puedas decirlas con convicción. Practica hasta que no te resulte extraño.

2) Usando la misma lista del ejercicio anterior, recrea la situación en tu mente lo más vívidamente que puedas. Imagina a la otra

persona diciendo o haciendo lo que hizo entonces. Visualízate respondiendo firmemente que no quieres hacer lo que se te pide.

Ensayar este comportamiento repetidamente hará que te sientas cómodo con tu nueva gama de respuestas. Esto te preparará para situaciones reales donde otros intenten convencerte de que hagas cosas que no quieres hacer. Después de un tiempo, tus respuestas se volverán automáticas, y te harás inmune a los intentos de otros de manipularte.

AFIRMACIONES

— *No permito que nadie me convenza de hacer algo que no creo correcto.*

— *No tengo la obligación de hacer cosas simplemente porque otros creen que debo hacerlo.*

— *No permito que los demás usen mis sentimientos contra mí.*

— *Si la aprobación de otros depende de que haga lo que ellos quieran, no merece la pena.*

— *Cuando la gente quiere hacerme sentir culpable es porque quieren algo de mí.*

— *Soy libre de decir «no» cuando otros me piden cosas irracionales.*

— *Cuando hago lo que me pide la gente, lo hago porque quiero.*

— *Cuando no quiera hacer algo que me pidan, he de preguntarme por qué.*

— *No permito que otros me hagan sentir culpable cuando decido no hacer algo que me pidan.*

— *Me siento muy bien sabiendo que no me dejo manipular.*

11 Las trampas verbales

Ciertas frases, expresiones y preguntas engañosas son el arsenal del manipulador. Las llamamos *trampas verbales* porque parecen significar una cosa pero normalmente significan algo totalmente diferente. Salvo algunas excepciones, éstas no sólo disimulan las intenciones del manipulador, sino que las ocultan. Las trampas verbales se diferencian de la conversación normal en que se dicen con el propósito de hacer que nos sintamos en deuda con el manipulador. Si consigue descolocarnos, digamos, y convencernos de que le debemos algo, seremos más serviciales y estaremos más dispuestos a cooperar. Muy pocas de estas trampas del lenguaje nos parecerán nuevas. Es muy probable que nos resulten familiares, bien porque las hayan usado con nosotros, bien porque las hayamos usado nosotros de vez en cuando. Es importante reconocerlas como lo que son y ser conscientes de cómo funcionan si queremos evitar caer de nuevo en ellas.

El qué dirán

«¿Qué dirá la gente si haces eso?»
«¿Qué pensarán?»

Obviamente, es imposible contestar a estas preguntas retóricas. Sin embargo, eso no es un problema porque quien las pregunta en realidad no quiere que respondamos. Lo que *desea* es que nos horrorice tanto la idea de que los demás nos critiquen, que no nos atrevamos a hacer algo que le molesta a esa persona. El manipulador teme que su opinión no tenga suficiente peso, y por eso usa la artillería pesada que constituye la censura de otros para apoyar sus argumentos, esperando que nos intimide tanto que nos comportemos como desea.

Por desgracia, muchos le dan tanta importancia a la actitud de otros hacia ellos que ajustarían su comportamiento hasta evitar el más mínimo indicio de desaprobación. Al hacerlo, dejan que sus vidas sean controladas por los dictados reales o imaginarios de otros. **Una respuesta apropiada podría ser:** *«No sé qué les parecerá a los demás, pero a mí me gusta mi idea».*

Culpabilidad

Las emociones de otros

«Hieres mis sentimientos»
«Me haces llorar»
«Me has… (enfadado, avergonzado, hecho sentir mal, etc.)»

La gente a veces reacciona a nuestro comportamiento con rabia u otras emociones negativas. Si no están dispuestos a aceptar la responsabilidad de crear sus propias respuestas emocionales, con frecuencia intentan culparnos a nosotros. Si somos tan ingenuos como para aceptar la culpa, nos ponen donde querían: dispuestos a cambiar nuestro comportamiento para hacerlos felices.

Si queremos evitar este innecesario e injustificado sentimiento de culpa, debemos recordar que las respuestas emocionales de la gente no las causamos nosotros, sino que ellos eligen sentirse así. Son libres de cambiar sus reacciones cuando quieran. **Una respuesta apropiada para estas acusaciones emocionales sería: «*Es una lástima que elijas responder así*».**

«Me has ofendido»
«Te exijo que te disculpes»

Hay gente que se ofende para hacernos sentir que les debemos algo. Intentan hacer que nos sintamos mal, para que cambiemos nuestro comportamiento a su gusto. Dado que las reacciones de los demás son elección suya, si deciden sentirse ofendidos no es tarea nuestra convencerlos de que se comporten de otra forma. Cuando alguien pide que nos disculpemos, simplemente desea controlarnos. Además, disculparse porque alguien insiste en que lo hagamos es inútil, porque una disculpa arrancada así es baldía. **Una respuesta apropiada a todas estas acusaciones emocionales es: «*Reconozco que estás ofendido*».**

Falta de consideración

> «¿Cómo pudiste hacerme eso?»
> «¡Deberías estar avergonzado de ti mismo!»
> «¡Mira lo que me has hecho!»
> «No entiendo por qué haces estas cosas»
> «Yo no habría… (hecho esto) si tú no hubieras… (hecho aquello)»
> «¡Deberías haberlo sabido!»

Estas afirmaciones y preguntas nos lanzan una descarga de culpabilidad y crítica por ser desconsiderados. En algunos casos, es porque alguien cree que desempeñamos un papel decisivo en convencerlos de que actuaran de forma equivocada. En otros, porque hemos hecho algo a lo que ellos se oponen. Comentarios como éste son provocados por el deseo del hablante de controlar nuestro comportamiento y modelarlo como él cree que debería ser. Estas frases y afirmaciones implican que por algún motivo hemos sido horriblemente desconsiderados. **Una respuesta apropiada es:** *«Debes de creer que yo tenía que haber actuado de otra forma».*

«No te costaría nada… (hacer lo que quiero)»

Quien diga esto no está afirmando un hecho, sino exponiendo su pensamiento. Por lo que ellos saben, lo que nos están pidiendo podría ser extremadamente desagradable para nosotros.

Estas afirmaciones implican que debemos estar dispuestos a hacer cualquier cosa que se nos pida, mientras no nos cause ningún daño físico. Al pedirnos las cosas así, intentan ponernos en la obligación de probar que *sí* nos hará daño si no queremos hacer lo que nos piden. El simple hecho de que algo no nos dañe no es razón para hacerlo. Desde la egocéntrica perspectiva del manipulador, su deseo de que hagamos algo es infinitamente más importante que el hecho de que nosotros no queramos. Esta frase es simplemente otra forma de decir: «Tu incomodidad no me preocupa mientras hagas lo que yo quiera». **Una respuesta adecuada:** *«Puede que no me haga daño, pero elijo no hacerlo».*

La prueba de amor

> **«Si (realmente) me quisieras…»**
> **«Si te importara algo…»**
> **«No me quieres. Si me quisieras… (estarías dispuesto a hacer cualquier cosa que yo deseara)»**

La gente que usa este tipo de afirmaciones normalmente no conoce el amor. No lo ven como una genuina y profunda preocupación por otra persona, sino como una herramienta útil para controlar el comportamiento de la gente. Está claro que quien hace este tipo de afirmaciones se encuentra menos preocupado por el amor que por lo que puedan convencernos de que hagamos por ellas. **Una respuesta apropiada:** *«Tienes algunas ideas curiosas sobre el amor».*

Grandes esperanzas

> **«Esperaba que tú…»**
> **«Pensé que sería bonito que…»**
> **«Espero que…»**
> **«No me decepciones»**
> **«Tenemos grandes esperanzas puestas en ti»**

«Llevamos toda la vida esperando este momento»
«Queremos que nos hagas sentirnos orgullosos»

Estas afirmaciones parecen bastante sinceras, pero cada una es una declaración de lo que se espera de nosotros. Al anunciar sus deseos de esta forma, la gente intenta crear en nosotros una disposición a complacerlos junto a un sentimiento de obligación, por lo que consideraremos que debemos hacer realidad sus esperanzas.

Quienes intentan manipularnos de esta forma tan sutil no tienen en cuenta dos cosas: primero, que nosotros no tenemos la obligación de materializar sus expectativas y, segundo, nosotros tenemos *nuestras propias* expectativas, que no son necesariamente las mismas que las suyas. Si queremos estar en paz con nosotros mismos, debemos hacer lo que sea mejor para *nosotros*, esperen lo que esperen los demás. **Respuestas apropiadas serían:** *«Si mis planes coinciden con los tuyos todos seremos felices»* o *«Gracias por incluirme en tus planes pero no creo que coincidan con los míos».*

Comparaciones desfavorables

«¿Por qué no eres más como _____?»
«¿Qué pasaría si todo el mundo actuara como tú?»
«Todo el mundo sabe *eso*»
«Si les vale a todos los demás, ¿por qué no te vale a ti?»
«La mayoría de la gente…»
«No esperamos que seas tan bueno como _____ pero deberías hacerlo mejor»
«Nadie más se queja»

Preguntas y afirmaciones irracionales de este tipo implican que hay algo mal en nosotros porque no somos como los demás, y que deberíamos sentirnos culpables por atrevernos a ser diferentes.

Al compararnos de forma desfavorable con otras personas y hacerlos parecer los buenos, el hablante intenta hacer que nos sintamos incómodos para que nos retractemos de nuestra posición y nos comportemos como a él le gustaría que hiciéramos. Generalmente, estos tipos de intento de manipulación son la peor razón del mundo para cambiar nuestro punto de vista. **Una respuesta apropiada:** *«Me divierto siendo yo mismo, incluso cuando esto significa que soy diferente a los demás».*

Desviación

«Te sentará bien»
«Sería bueno para ti»
«Es por tu bien»

Estas frases son propias de gente que, al creer que saben lo que nos conviene mejor que nosotros mismos, tratan de hacernos aceptar sus opiniones. Al exponer sus ideas de forma impersonal intentan crear la impresión de que sus sugerencias están apoyadas tanto por la autoridad externa como por su propia sabiduría superior. No hay nada de malo en tener en cuenta las opiniones de los demás, por supuesto. Una vez alcanzada la mayoría de edad, sin embargo, nadie tiene derecho a tomar este tipo de decisiones por nosotros; si dejamos que lo hagan, perdemos la oportunidad de aprender de nuestros errores. Como adultos, debemos ser capaces de determinar lo que es bueno o no para nosotros. Cuando nos enfrentemos a afirmaciones de este estilo, viene bien recordar dos cosas: *primero*, que los demás ven el mundo desde *su* punto de vista, no desde el nuestro; *segundo*, por muy buena intención que tengan, hay mucha gente que no sabe ni lo que más les conviene a ellos, ni mucho menos a los demás. **Una respuesta apropiada:**

«Estoy seguro de que crees que eso es cierto, pero tengo que tomar esta decisión yo solo».

«¿No crees…?»

La gente a veces utiliza esta táctica para hacernos apoyar sus opiniones. Quienes la utilizan nos están pidiendo que confirmemos lo que ellos creen. De hecho, esta pregunta no es tal, sino una afirmación que dice: «Esto es lo que pienso, y espero que estés de acuerdo conmigo». Expresándolo como una pregunta, es más probable que contestemos «sí». Si la gente realmente quiere nuestra opinión, sin embargo, en lugar de reafirmar la suya propia, dirán: «¿Tú crees…?», lo que nos invita a considerar la cuestión y contestar con una respuesta honesta. **Respuestas apropiadas:** *«No»*, o *«No he pensado en ello»*, o incluso posiblemente *«Sí».*

Implicar una deficiencia

«Deberías sentirte satisfecho con lo que tienes».
(Hay gente que tiene menos _____ ¿Por qué te quejas?)
«Siempre se ha hecho así». *(Algo falla si crees que debe cambiarse)*
«Deberías haberlo sabido». *(¿Por qué no lo hiciste correctamente, como yo lo hubiera hecho?)*
«Deberías avergonzarte de ti mismo». *(Has hecho algo que yo no apruebo)*
«¡No puedo creer que hicieras eso!». *(¿Por qué no te comportaste como yo esperaba?)*
«Nunca he oído nada parecido». *(Te has comportado de una forma muy rara)*

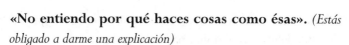

«No entiendo por qué haces cosas como ésas». *(Estás obligado a darme una explicación)*

«¿Cómo puede alguien tan inteligente como tú hacer cosas como ésa?». *(Halagándote y culpándote a la vez puedo confundirte lo suficiente para que hagas lo que yo quiero)*

«¿Por qué no haces algo por ti mismo?». *(¿Por qué no vives según mis valores y actúas de forma que yo te apruebe?)*

La gente utiliza estos comentarios culpabilizadores para ponernos a la defensiva y hacer que nos sintamos incómodos. Nos hacen sentir como si les debiéramos una explicación por comportarnos de forma diferente a la que ellos esperaban. No lo hacemos, por supuesto, y sus esfuerzos por obtener una explicación de nuestra parte son de hecho simples intentos de convencernos para que no repitamos esos comportamientos (y por consiguiente la «necesidad» de darles explicaciones) en el futuro.

Tres simples palabras

Tres palabras cobran significado especial cuando son utilizadas por los manipuladores: «deberías», «tendrías que» y «tienes que». Los manipuladores las utilizan para añadir peso a sus sugerencias y peticiones, para hacer que no parezcan sus opiniones, sino directrices emitidas por un poder superior.

Hay dos tipos de «debes»: El *debes de probabilidad* y el *debes de obligación*. El *de probabilidad* es lógico; si está lloviendo y alguien dice: «Si no quieres mojarte, debes ponerte un chubasquero o coger un paraguas», quiere decir que para conseguir algo (en este caso, permanecer seco) tenemos que hacer algo. En otras palabras, si tenemos un resultado específico en mente, debemos hacer cualquier cosa que sea necesaria para realizarlo. En cuanto hay un beneficio obvio para nosotros asociado con que alguien diga lo que debemos hacer, «debes» no se utiliza para manipular.

El *debes de obligación* es otra historia. Cuando la gente utiliza «debes» en este sentido, hacen que suene como si fuera nuestra obligación hacer algo, pero no mencionan los beneficios que se derivarán de ello. Por ejemplo, alguien podría decir: «Debes visitar a tu madre por lo menos una vez por semana». Esto puede ser una idea excelente, pero hasta que el hablante no preceda esta frase con algo como: «Si quieres asegurarte de que se encuentra bien de salud», está simplemente exponiendo su opinión e intentando que estemos de acuerdo suponiendo que es nuestra obligación. O puede que alguien nos diga: «Debes cortarte el pelo». Desde el momento en el que el hablante no encabeza su comentario con: «Creo…», lo que nos indicaría que es sólo una opinión, el efecto global es que ha pronunciado un juicio absoluto; una autoridad más alta, utilizando al hablante como su portavoz, ha decretado que debemos cortarnos el pelo. A menudo, optamos por aceptar afirmaciones de este tipo como ciertas porque suenan objetivas e impersonales.

Resumen de las trampas verbales

Todos hemos visto dibujos creados para ser ilusiones ópticas. Cuando cambiamos la perspectiva o desenfocamos la vista, observamos un dibujo diferente al que se veía al principio. En cierto modo, la manera de hablar del manipulador es como estos dibujos, porque no significa lo que parece. Obviamente, no es sensato ni realista creer que hay un significado oculto en todo lo que nos dice la gente. Pero si escuchamos con cuidado, especialmente cuando las palabras de los demás nos hacen actuar, puede que descubramos que lo que dicen está diseñado más para ocultar sus propósitos que para exponerlos.

AUMENTA TU CONCIENCIA

Divide una hoja de papel en dos columnas. En la parte superior de la columna de la izquierda, escribe «Lo que dije» y sobre la de la derecha, «Lo que debería decir para evitar que los demás me manipulen». Ahora, piensa en técnicas de manipulación que hayas usado tú. Si no puedes recordar ninguna, haz una lista con los métodos que hayan utilizado contigo. Generalmente, tendemos a usar los mismos procedimientos que funcionan con nosotros en los demás. Escribe tantas técnicas diferentes como puedas.

En la otra columna, enfrente de cada uno de estos comportamientos, vuelve a formular tus comentarios para que dejen de sonar a manipulación. Cambia el «Deberías…» por «Yo creo que deberías…»; el «¿No crees…?» por «Yo creo… ¿Qué crees tú?», etc.

Este ejercicio puede ser difícil al principio porque nos tenemos que señalar con el dedo a nosotros mismos como culpables e identificar nuestras propias técnicas de manipulación. El beneficio de hacer esto es doble: primero, después de un poco de práctica dejaremos de manipular a los demás, y segundo, analizando estos comentarios de paso nos haremos inmunes a ellos.

AFIRMACIONES

— *Si quiero algo de los demás, se lo pido directamente, en lugar de intentar manipularlos.*

— *Acepto que los demás generalmente consideren sus deseos y necesidades más importantes que los míos.*

— *Si me siento culpable cuando no hago lo que me piden los demás, necesito descubrir por qué.*

- *No permito que el miedo a la censura de los demás influya en mi comportamiento.*
- *Mis acciones no tienen el poder de causar respuestas emocionales en los demás.*
- *Si decido hacer algo es porque **yo** creo que debo hacerlo, no porque lo crean los demás.*
- *No tengo la obligación de cumplir las expectativas de los demás.*
- *Soy un individuo único y no me parezco a nadie más.*
- *Soy el mejor juez de lo que debería o no debería hacer.*
- *Escucho con atención cuando alguien dice que debería o me convendría hacer algo.*

12 Los hábitos

«*Si caemos en la rutina en vez de tomar decisiones nuevas cada vez, podemos vernos involucrados en actividades que no haríamos de otro modo*».

ELLEN J. LANGER

CREENCIA ERRÓNEA:
Es imposible romper algunos hábitos porque son más fuertes que yo.

Cómo nos benefician los hábitos

Los hábitos pueden hacernos la vida más fácil

Muchas de nuestras actividades físicas y mentales de cada día las hacemos de forma totalmente rutinaria. Los hábitos son unas herramientas mentales muy útiles: ahorran tiempo, eliminan una gran cantidad de detalles absurdos del proceso y nos permiten convertir tareas complicadas en simples y hacer muchos trabajos cotidianos con poca o ninguna atención consciente, liberando nuestras mentes para poder pensar en aspectos que nos resulten más interesantes o importantes.

Los hábitos simplifican tareas complejas

¿Te imaginas lo difícil que sería la vida si no pudiéramos desarrollar hábitos? Sin ellos, estaríamos tan desvalidos como un bebé. Daría igual las veces que hubiéramos repetido alguna acción, nunca lo haríamos mejor ni más rápido. Cada vez que lo hiciéramos nos resultaría tan extraño como la primera vez. Gracias a que podemos desarrollar hábitos, es posible llevar a cabo innumerables acciones sin tener que prestarles atención. Hacemos muchas de ellas, como por ejemplo lavarnos los dientes, sin tener que estar al tanto de cada pequeño detalle. En lugar de eso, cuando cogemos la pasta y el cepillo, todo lo demás es automático y antes de que nos demos cuenta, ya hemos terminado.

Los hábitos facilitan las decisiones

Si tuviéramos que tomar decisiones conscientes sobre cada cosa que hacemos a lo largo del día, pasaríamos mucho más tiempo en ello que actuando. Perderíamos mucho tiempo tomando decisiones conscientes sobre acciones irrelevantes como qué zapato ponernos primero, o con qué mano coger el tenedor. En realidad, cuando tomamos la misma decisión en cierta situación unas cuantas veces, finalmente se convierte en un hábito. Así, en lugar de tener que elegir si nos ponemos primero el zapato izquierdo o el derecho, los colocamos delante y, de repente, como por arte de magia, los zapatos están en los pies.

Crear hábitos

Cómo desarrollamos nuevos hábitos

Tras realizar varias veces una serie de acciones relacionadas, acabamos desarrollando un patrón o rutina. Un buen ejemplo lo constituye el simple hecho de lavarnos las manos, cosa que hacemos varias veces al día. Al ser algo tan común lo consideramos muy fácil. Sin embargo, lo que ahora resulta tan simple nos parecía muy complejo al principio, porque para completar la tarea había que unir varias acciones independientes.

Cuando aprendimos a lavarnos las manos, cada paso del proceso requería una decisión consciente: ¿ponemos el agua fría o caliente? ¿Cuánta agua necesitamos? ¿Cogemos el jabón con la mano izquierda o con la derecha? ¿Cuánto nos enjuagamos? ¿Con qué mano cerramos el grifo? ¿Cogemos la toalla con la izquierda o con la derecha? ¿Cuánto tiempo nos las secamos? Éstas representan sólo algunas de las opciones entre las que tenemos que elegir para completar esta tarea relativamente poco complicada.

Si tomamos las mismas decisiones cada vez que nos lavamos las manos, nuestro subconsciente pronto las aceptará como permanentes. Cuando pasa esto, y a menos que ocurra algo fuera de lo normal, una vez empezamos la tarea, nuestro subconsciente la completa, aunque estemos ocupados en otra actividad, como por ejemplo hablar. Las decisiones que al principio teníamos que tomar por separado se han unido en un patrón que llamamos *hábito*. Un hábito, por tanto, es un patrón de acciones físicas o mentales repetido con frecuencia y que procede de una serie de decisiones que antes tomábamos conscientemente y ahora necesitan poca atención consciente.

Cómo nos perjudican los hábitos

Permitimos que nuestros patrones de comportamiento nos dominen

A veces los hábitos se nos escapan de las manos y, en vez de servir de ayuda, se convierten en un obstáculo. Los hábitos nos controlan de la misma forma que en las historias de ciencia ficción un sofisticado superordenador desarrolla voluntad propia y una inteligencia superior a la de sus creadores, y empieza a hacer lo que quiere, en lugar de lo que quieren éstos. Igual que ese ordenador, nuestros hábitos a veces parecen cobrar vida propia. En vez de *usar-los*, parece que ellos nos usaran a *nosotros*, y acabamos haciendo cosas que ya no necesitamos o queremos, pero que nos sentimos obligados a continuar haciendo.

Creamos hábitos dañinos

Nuestro subconsciente es extremadamente flexible a la hora de aceptar nuevos patrones de comportamiento. Admite cualquier patrón que le propongamos sin problema. Por desgracia, no tiene capacidad para distinguir los hábitos buenos de los malos, así que acepta con la misma facilidad los que nos dañan como los que nos ayudan.

Sin ser conscientes del resultado negativo de nuestras acciones, creamos inintencionadamente hábitos dañinos. Curiosamente, algunos hábitos que ahora nos dañan nos parecían gratificantes en su momento. Fumar, por ejemplo, en vez de ser el placer que imaginábamos, puede convertirse en un vicio. A otros nos ha pasado lo mismo con comer. En lugar de ser una agradable forma de cuidar nuestro cuerpo, se ha convertido en un comportamiento mecánico que llevamos a cabo cada vez que tenemos comida delante, aunque no tengamos hambre.

Los hábitos indeseados pueden afectar a nuestra autoestima

Como es natural, los hábitos indeseados producen un efecto dañino en nuestra autoestima. La sensación de control sobre nuestra vida, necesaria para mantener un buen concepto de uno mismo, desaparece cuando permitimos que los hábitos tomen la iniciativa. ¿Cómo podemos pensar que tenemos el control si conservamos hábitos dañinos fuertemente arraigados que parecen demostrar que no es así?

Cuando dejamos que patrones de comportamiento dañinos nos controlen, nos sentimos débiles, ineptos, culpables y avergonzados, no sólo por el dominio que éstos tienen sobre nosotros, sino porque hemos fracasado en nuestros intentos de abandonarlos. Inevitablemente, los hábitos destructivos generan un corrosivo conflicto en nuestro interior, porque una parte de nosotros quiere cambiar las cosas y otra quiere que sigan como están.

Por qué algunos hábitos son tan difíciles de abandonar

Nos da miedo cambiar

¿Por qué nos aferramos a hábitos que sabemos o sospechamos que pueden ser dañinos? Porque nos resultan cómodos y familiares. Una vez que hemos establecido cierto patrón para nuestras acciones somos reacios a cambiarlo, aunque no sirva de gran ayuda. Esto se debe a que nos asusta cambiar, aunque acabe resultando beneficioso. Los hábitos antiguos y familiares nos parecen seguros, mientras que los nuevos pueden implicar riesgos, incomodidades y contrariedades. Por raro que parezca, preferimos continuar con nuestros viejos patrones de comportamiento aunque nos causen dolor y sean potencialmente peligrosos, antes que arriesgarnos a sustituirlos por otros más beneficiosos.

Los malos hábitos pueden ser divertidos

Algunos hábitos indeseados son difíciles de romper porque los disfrutamos y realmente no *queremos* acabar con ellos. Si lo pasamos bien con una actividad en particular, por muy dañina que sea, nos costará dejarla. Podemos saber que cierto comportamiento nos afecta negativamente, y que sería mejor cambiarlo, pero si no estamos demasiado incómodos con el estado de las cosas, puede que no hagamos el esfuerzo. ¿Por qué deberíamos hacerlo? A menos que estemos convencidos de que hay más motivos para dejar un hábito que para seguir con él, no rechazaremos voluntariamente algo que consideremos deseable.

Los hábitos causan cambios en nuestro cerebro

Una razón que solemos despreciar con respecto a por qué nos resulta difícil cambiar los hábitos es porque causan cambios físicos en el cerebro. Estos cambios hacen que nos resulte más fácil seguir un patrón de comportamiento existente. Para entender cómo ocurre esto, imaginemos que atravesamos todos los días un campo de hierba para ir a la escuela o al trabajo y siempre por el mismo sitio. Tras unas cuantas semanas, ya no andaremos por la hierba, porque al pisarla continuamente hemos creado un camino. Las acciones repetitivas afectan al cerebro de la misma manera: cuando seguimos repetidamente una línea de acción determinada, se crea un camino físico en nuestro cerebro. Este camino se vuelve más pronunciado con cada repetición hasta que está tan bien establecido que nos resulta difícil actuar de otra manera.

La verdad sobre los hábitos

Los que creemos que estamos a merced de nuestro comportamiento habitual cometemos un error muy común: consideramos los hábitos como entidades independientes con vida propia. Es esta forma de pensar, tanto como los hábitos en sí mismos, lo que nos causa tantos problemas. Al pensar de esta manera les damos demasiado poder y muy poco a nosotros. Cuanto más los veamos como entidades independientes, menos capacitados para cambiarlos nos sentiremos. Pero no importa lo irritante, horrible, vil, dañino o asqueroso que pueda parecernos alguno de nuestros hábitos, sólo existe porque nosotros lo permitimos. *Nosotros lo creamos y podemos «descrearlo».*

CONTRACREENCIA:
Puedo cambiar o eliminar cualquier hábito cuando quiera.

Cómo librarse de hábitos indeseados

Avanzar retrocediendo

Un hábito no es más que una serie de decisiones conscientes que hemos permitido que se conviertan en inconscientes y, por tanto, eliminarlo es cuestión de invertir el proceso que lo creó. En vez de consentir que nuestro subconsciente siga tomando las decisiones por nosotros, empezamos a tomar cada una de ellas conscientemente y con toda nuestra atención.

Si queremos evitar el hábito de comer en exceso, por ejemplo, en lugar de concentrarnos en una conversación o cualquier otra distracción mientras estamos comiendo, dediquemos nuestra atención a comer y a ser comensales conscientes.

Durante nuestras comidas hemos de preguntarnos: ¿Quiero seguir cogiendo la comida con el tenedor? ¿Quiero llevármela a la boca? ¿Quiero masticarla? ¿Tragarla? ¿He comido ya lo suficiente?

Si el problema es fumar, nos convertimos en fumadores conscientes. Dividamos el proceso de fumar en sus partes más pequeñas y hagamos de cada una objeto de nuestra aprobación consciente, empezando al sacar el cigarrillo del paquete y acabando al apagarlo.

¿Por qué funciona esto? Funciona porque cuando cogemos una parte de un hábito y lo hacemos consciente de nuevo, lo debilitamos. Al realizar cada una de las partes del hábito de forma consciente, como hacíamos al principio, creamos nuevas oportunidades para decidir si queremos seguir con él. Si mantenemos esta costumbre, llegará un momento en el que el hábito dejará de ser un problema o desaparecerá.

¿Por qué ocurre así? Sabemos que creamos un camino pasando por el mismo sitio muchas veces. ¿Qué pasa si dejamos de usarlo? Puede que pase un tiempo, pero pronto la hierba volverá a crecer y el camino desaparecerá. Del mismo modo, cuanto más tiempo evitemos caer en un hábito, más difuso se hace el camino en nuestro cerebro. Aquí, sin embargo, termina la comparación entre el campo de hierba y nuestro cerebro, porque aunque el camino en el cerebro se difumina si dejamos de usarlo, nunca desaparece del todo como ocurre en el campo con hierba. Pero *sí* que se debilita tanto que deja de tener influencia sobre nosotros.

Cambiar viejos hábitos por nuevos

Para hacer más fácil la transición, debemos recordar que no sólo la naturaleza evita el vacío, también lo hace nuestra mente. Nos resultará mucho más fácil eliminar un hábito no deseado si lo reemplazamos con otro que *sí* deseamos. Obligándonos a tomar decisiones conscientes, creamos oportunidades para reemplazar hábitos viejos por otros que nos favorezcan más. En vez de comer en exceso, podemos sustituir este hábito por el de masticar la comida cuidadosamente, lo que nos ayudará tanto a mejorar nuestra digestión como a mantener la línea. En lugar de seguir fumando, podemos practicar la respiración profunda y mejorar nuestra salud en general al llenar más los pulmones de aire limpio.

Ventajas de librarse de hábitos indeseados

Convertir de nuevo en conscientes decisiones inconscientes puede resultarnos incómodo al principio, porque interfiere en nuestros patrones de comportamiento establecidos. Las ventajas de eliminar malos hábitos superan en mucho cualquier incomodidad temporal que podamos sufrir por su causa. Además, al hacernos más conscientes de nuestras acciones, ocurren algunos cambios importantes:

– **Reducimos drásticamente el número de repeticiones del comportamiento indeseado.** Dado que debemos decidir conscientemente si hacerlas o no, las acciones que realizamos con plena atención requieren más tiempo que las que hacemos por costumbre. Como resultado, nos queda menos tiempo disponible para repetirlas.

– **Disminuimos los efectos dañinos del hábito**. Si nos obligamos a tomar una serie de decisiones antes de tragar cada bocado de comida, tenemos la oportunidad de observar las sensaciones físicas que nos dicen que hemos comido lo suficiente. Cuando esto ocurre, es mucho menos probable que sigamos comiendo una vez que tengamos bastante.

– **Los hábitos se debilitan y son menos exigentes.** Cuando interrumpimos un patrón de comportamiento establecido, nuestro inconsciente reconoce que estamos reconsiderando antiguas decisiones, e insiste menos en que repitamos el antiguo comportamiento.

– **Podemos reevaluar el hábito objetivamente.** Una vez que nos alejamos un poco del hábito, lo vemos desde una perspectiva diferente. Nuestras sensaciones respecto a fumar, por ejemplo, pueden cambiar si nos damos cuenta de lo mal que sabe y huele un cigarrillo.

– **Aumenta nuestra autoestima.** Es inevitable que pensemos mejor de nosotros mismos si ejercemos más control sobre nuestras vidas.

No tenemos por qué quedarnos atrapados en nuestros hábitos actuales, porque somos más fuertes que ellos. Por muy arraigado que esté un hábito, si realmente queremos librarnos de él, lo conseguiremos. Dado que los crea nuestra mente, también es capaz de eliminarlos. No hay motivo por el que no podamos cambiar hábitos destructivos por otros que nos favorezcan.

Alguien dijo que la mente era un buen sirviente pero un mal amo. Nosotros decidimos lo que será la nuestra.

AUMENTA TU CONCIENCIA

Piensa en un hábito que te gustaría dejar. Escríbelo al principio de un folio. Dibuja una línea desde arriba hasta abajo, dividiendo el folio en dos columnas. Escribe «VENTAJAS» en la de la izquierda y «DESVENTAJAS» en la otra. Después haz una lista con los motivos por los que deberías o no deberías continuar tu hábito. Sigue aumentando la lista durante una semana. Cuando termines, debería haber más razones en la lista de desventajas que en la de ventajas. Repásala un par de veces al día y revisa los motivos para dejar el hábito. Piensa en cada elemento que has mencionado como desventaja y cómo te afecta negativamente.

Después elige otro patrón de comportamiento para sustituir al hábito. En otra hoja de papel describe las acciones que piensas emplear para reemplazar el comportamiento no deseado. Haz una lista con los beneficios que obtendrás del nuevo comportamiento. Relájate e imagínate en una situación donde antes hubieras llevado a cabo el antiguo hábito. Visualízate realizando la nueva acción que has elegido. Repite esta visualización al menos un par de veces al día. Utiliza una de las afirmaciones de abajo o créate las tuyas. Si sigues este procedimiento durante varias semanas, el nuevo comportamiento empezará a resultarte tan familiar como el viejo. Con la práctica, éste pierde su atractivo y acaba desapareciendo. Para que este proceso sea efectivo, realmente tienes que *querer* eliminar el hábito.

Puede que a veces caigas en el antiguo patrón de comportamiento en lugar de seguir el nuevo. Si ocurre, no te juzgues o condenes por no haberte comportado bien. Simplemente observa tus acciones y corrígelas si es posible.

AFIRMACIONES

— *Controlo mis hábitos, ellos no me controlan a mí.*

— *Reemplazo el comportamiento indeseado por acciones beneficiosas.*

— *Elimino el comportamiento indeseable o perjudicial de mi vida.*

— *Creo nuevos patrones de comportamiento para sustituir a los que me dañan.*

— *Yo creé mis hábitos, así que puedo eliminarlos.*

— *Tomo el control consciente de mi comportamiento.*

— *Si mi comportamiento habitual me hace daño, lo sustituyo por otro beneficioso.*

Las expectativas poco realistas

«Percibimos el mundo externo de forma equí-voca y nuestros propios deseos más profundos y la naturaleza actúan de forma contraria a las realidades de nuestra situación, lo que provoca desagradables consecuencias».

CHARLES T. TART

Dos palabras describen nuestra actitud más común ante la vida: *decepción crónica*. Somos infelices con nosotros mismos y con nuestra familia, amigos, trabajo, dinero, casa, relaciones, vida social, armario y demás.

Pero ¿*por qué* no somos felices? A la mayoría de nosotros la vida no nos ha tratado tan mal como para que nos falte la comida, el refugio o la ropa. Nuestro descontento hunde sus raíces no tanto en lo que tenemos como en lo que creemos que *deberíamos* tener; en nuestros deseos insatisfechos, nuestras ambiciones no realizadas y los planes que no salieron bien. Mucho de lo que esperábamos de la vida no se ha materializado.

Como siempre, cuando no somos felices es debido a las creencias incorrectas que albergamos. En este caso, se trata de nuestras ideas sobre lo que tenemos derecho a esperar.

Qué debemos esperar de la vida

CREENCIA ERRÓNEA:

Las cosas deben pasar de la forma que yo quiera,
sólo porque yo deseo que sea así.

Decimos: «¿No sería bonito que pasara esto?», o «Sería maravilloso que pasara aquello», o «¿No sería estupendo si…?». Planeamos ciertas partes de nuestras vidas con mucho esmero, como diciéndole a la realidad lo que esperamos de ella. Creamos detallados escenarios futuros sobre las experiencias que nos gustaría tener o situaciones que queremos que ocurran, como comprarnos un coche nuevo, tener una relación con una persona en particular o conseguir un aumento o un ascenso.

Al principio pensamos lo bonito que sería que algo que queremos *sucediera*. Cuanto más pensamos en ello, más atractivo nos parece. Entonces pasa de ser simplemente *bonito* obtener lo que queremos a que sea *importante* que ocurra. Creamos películas mentales de nuestros deseos, vívidas imágenes de nosotros mismos conduciendo nuestro coche nuevo, viviendo una relación o gastando el dinero extra del aumento o ascenso. Antes de que nos demos cuenta, obtener lo que deseamos ha pasado de ser simplemente *importante* a ser *esencial*; no sólo *debemos* tener lo que queremos, sino que nos hemos convencido de que es nuestro derecho. Entonces, después de habernos persuadido a nosotros mismos de que es una cuestión de vida o muerte y la existencia será difícilmente soportable si no ocurre lo que queremos, nos sentamos a esperar que se materialice.

Ahí es donde cometemos el error. No pasa nada por soñar, o por hacer planes detallados para el futuro, o por ejercitar nuestra imaginación. Debemos recordar, sin embargo, que pocas cosas suceden simplemente porque nosotros queramos. Ciertos resultados se dan inevitablemente como consecuencia de acciones específicas; si fallamos en estas acciones, los resultados que esperamos no ocurrirán. Sentarnos a esperar que nuestros deseos se materialicen es una pérdida de tiempo; la esperanza es un ladrón del presente y un mal sustituto del esfuerzo. Una vez que hemos decidido lo que queremos de la vida, lo inteligente es apoyar nuestras decisiones con acciones y dar cualquier paso que sea necesario para *asegurarnos* de que lo conseguiremos.

CONTRACREENCIA:
Hasta que no esté dispuesto a esforzarme un poco, incluso bastante, para convertir mis deseos en realidad, probablemente no se materializarán.

✳✳✳✳

CREENCIA ERRÓNEA:
Tengo derecho a esperar cierto tipo de comportamientos de los demás.

Cuando éramos jóvenes aprendimos ciertas reglas sobre las relaciones y sobre cómo tratar a otras personas. Tras aceptar estos preceptos, asumimos de forma errónea que los demás tienen un código de conducta parecido. Como resultado, probablemente esperemos de los demás que:

* Nos traten de forma justa
* Se comporten cortésmente con nosotros
* Sean honestos
* Estén de acuerdo con nosotros
* Se comporten de forma racional

* Sean considerados
* Se preocupen por nuestro bienestar
* Nos ayuden cuando tengamos problemas
* Respondan a situaciones de la misma forma que lo hacemos nosotros
* Eviten enfadarnos, hacernos sentir infelices o tener miedo
* Procuren no comportarse de forma que nos disguste

Como esperamos este tipo de comportamiento idealista, nos enfadamos, nos sentimos heridos y decepcionados cuando no es así. Tenemos que entender que da igual cómo creamos *nosotros* que debe actuar la gente, porque *ellos* harán lo que consideren que deben hacer. La vida sería más placentera y agradable si todo el mundo actuara de forma cuidadosa y considerada hacia los demás. Pero por desgracia no es así. Es cierto que *alguna* gente se crió como nosotros, y nos sentimos cómodos a su lado porque sabemos cómo se comportarán. Deberíamos aceptar, sin embargo, que un número significativo de gente actúe de forma que nos resulte embarazosa, maleducada, descuidada, desconsiderada, egoísta, deshonesta o en algunos casos desagradable.

Aparte de asociarnos siempre con gente compatible, podemos hacer poco respecto al comportamiento de los demás. Intentar que la gente sea diferente de lo que es, simplemente nos hará más infelices. Cuando nos parezca que la gente no está siendo amable, lo mejor que podemos hacer es recordar que no son los culpables de su comportamiento. Lo único que están haciendo es jugar según las reglas —como las entienden ellos— justo como hacemos nosotros. Teniendo en cuenta la impresionante diversidad de personas que hay en este planeta, es inevitable que nuestras ideas individuales sobre lo que es un comportamiento correcto o no sean igual de diversas. ¿Cómo podemos esperar que los demás nos traten justamente si no estamos de acuerdo sobre lo que es justo?

CONTRACREENCIA:
No es razonable esperar que el comportamiento de los demás sea como yo quiero, porque su idea de lo que es un comportamiento apropiado puede ser totalmente diferente a la mía.

****

CREENCIA ERRÓNEA:
Debería ser posible tener todo lo que quiera, siempre que lo desee con la suficiente fuerza o esté dispuesto a trabajar duro para conseguirlo.

Cuando éramos niños, algunos pensábamos que podríamos conseguir cualquier cosa que ambicionáramos. Llegamos a esta conclusión porque normalmente podíamos convencer a los adultos de que nos dieran lo que queríamos, o bien siendo muy buenos o llorando desconsoladamente.

Pero llegó un momento en que los demás estaban menos dispuestos a complacernos. Algunos nos estancamos en este punto de nuestro desarrollo, y si no hemos sido capaces de encontrar a alguien que nos apoye, seguimos quejándonos de las injusticias de la vida para siempre. Otros se unen a aquellos que decidieron que el trabajo duro era la respuesta. Pensábamos que esforzarnos lo suficiente nos garantizaba que cualquier cosa que quisiéramos sería nuestra antes o después.

Por mucho que pudiéramos desear que esto fuera verdad, incluso los más optimistas tendrán que admitir que la vida raras veces es sistemática y ordenada. Cuando asumimos de forma incorrecta que nuestro éxito está asegurado porque estamos dispuestos a poner mucho esfuerzo para conseguir o adquirir algo, nos arriesgamos a una gran decepción. Cómo se resuelva una situación depende en gran medida de si nuestras expectativas están basadas en hechos y probabilidades o en deseos y fantasías. Aunque elaboremos nuestros planes sobre una realidad sólida, no hay garantía de que lo que queremos *ocurra*.

A veces, sin embargo, la vida parece caótica; incidentes inesperados pueden ocurrir sin razón aparente. Otras veces, a pesar de nuestros esfuerzos, las cosas no salen como deseamos. Cuando ocurre esto, nos decepcionamos o indignamos y nos quejamos de haber sido tratados injustamente. Lo que olvidamos siempre es que no tenemos garantía de que todo resulte como queremos. Pocas cosas en la vida están garantizadas al cien por cien. Concurren tantas variables en nuestra existencia terrenal que no podemos predecir con ninguna certeza lo que tendrá lugar o no. Cierto, el trabajo duro es normalmente un factor importante para conseguir nuestras ambiciones, pero no el único. A veces, nos guste o no, no es suficiente.

CONTRACREENCIA:
Ni desearlo desesperadamente ni el trabajo duro garantizan que obtenga siempre lo que quiero.

✳✳✳✳

CREENCIA ERRÓNEA:
La vida ha de ser justa; debería haber un límite de cantidad de dolor y de cosas desagradables que tenga que soportar.

A nuestro entender, la vida debe desarrollarse de forma placentera. Pedimos que todo se desarrolle sin complicaciones, y si *pasa* algo malo, insistimos en que no sea más que un pequeño inconveniente. Entre otras cosas, esperamos lo siguiente:

* Estar siempre bien alimentados y cuidados
* Vivir holgadamente
* Ser capaces de hacer lo que queramos
* Ser capaces de ir adonde queramos
* Estar en lo cierto la mayor parte del tiempo
* Ser capaces de evitar el cambio
* Que las situaciones marchen como nosotros queramos

Por otro lado, exigimos que *no* nos afecten accidentes, enfermedades, relaciones infelices, muertes de buenos amigos y miembros de la familia o cualquier otro hecho que pueda ser trágico, desagradable o terrible. Por lo tanto, cuando las cosas van como nosotros queremos, decimos que la vida es *justa*. Cuando no es así, gritamos: «¿Por qué?» y nos quejamos en voz alta de lo terribles que son las cosas y lo *injusta* que es la vida.

Como muchos otros de nuestros aspectos, los estándares de justicia son muy individuales: son nuestras creencias personales sobre lo que debería o no estar permitido que pasara. Pero sólo porque nosotros consideremos algo justo no significa que los demás lo hagan. La tormenta que nos hace posponer nuestro *picnic* provee a los granjeros del agua que necesitan desesperadamente; por cada persona que gana, al menos otra tiene que perder; las tiendas con precios bajos que obligan a cerrar negocios suministran productos a gente que no podrían permitírselos de otra forma. En otras palabras, los términos *justo* e *injusto* no indican valores absolutos, sólo nuestra aprobación o censura.

CONTRACREENCIA:

Las cosas no son justas o injustas; simplemente son. Estos términos no reflejan la naturaleza real de una acción o de un hecho, sólo cómo se ajustan a mis planes.

La causa de nuestros problemas

Hay algo que une todas estas dañinas creencias: pensamos que la vida y el resto de la gente deben ajustarse a expectativas. Por esa razón nos decepcionamos y sentimos heridos tan a menudo. Nuestro verdadero problema, sin embargo, no se encuentra en la vida o en los demás; está en lo que nosotros *esperamos* de ellos. No hemos basado nuestras expectativas sobre ellos en la realidad, sino en la *irrealidad*, en ideas que sólo existen en nuestras mentes. Hemos confundido lo que queremos con lo que es probable que suceda; hemos equivocado conveniencia con probabilidad. Hemos construido nuestro futuro sobre un débil armazón de deseos, esperanzas y sueños.

Se nos encaminó hacia la decepción

Es fácil entender por qué tenemos expectativas poco prácticas; hemos estado inmersos en irrealidades desde que éramos pequeños. Con la mejor de las intenciones, nuestros padres nos hablaron de los Reyes Magos, Santa Claus y el ratoncito Pérez. Estos generosos personajes ficticios nos daban regalos a cambio de poco o nada. Aprendimos sobre Dios, a quien podíamos pedir favores. Si éramos lo suficientemente convincentes y prometíamos portarnos bien, se nos decía, podríamos persuadir al Supremo de que cambiara Sus planes a nuestro favor. Éstas y otras descabelladas ideas nos animaban a creer que era posible conseguir algo a cambio de nada.

Entonces, si somos productos típicos de nuestra cultura, adquirimos otras ideas irracionales de fuentes dudosas y poco fiables, como canciones populares, novelas, películas, televisión y publicidad. En algunas de éstas la imaginación y la realidad están mezcladas con tanta habilidad que, de niños, era difícil o imposible para nosotros diferenciar una de la otra. Sin la sabiduría que proporciona la experiencia, nos confundíamos al intentar distinguir la realidad de la fantasía.

Otras ideas distorsionadas vienen de amigos, maestros y figuras de autoridad que nos ayudaron a dar forma a nuestras vidas. Sus conceptos sobre ésta eran normalmente más realistas que los productos de la publicidad y las industrias de entretenimiento. Sin embargo, algunos de sus pensamientos irracionales se nos contagiaron. Después de ser educados así, no sorprende que acabemos creyendo que vivimos en un mundo donde los sueños se hacen realidad casi por arte de magia y donde los deseos se nos conceden simplemente con pedirlos.

Los inevitables resultados de una forma de pensar poco realista

Como resultado de esta sólida base de irrealidad, más que observar la realidad y desarrollar expectativas basadas en lo que hemos observado, creamos reglas y esperamos que la realidad las obedezca. Entonces, cuando las circunstancias no se desarrollan a nuestro gusto, como suele ocurrir, en lugar de reconocer que parte de la culpa de hacernos infelices es nuestra, se la echamos a la realidad por ser como es.

El problema, sin embargo, no es la realidad. Es nuestra resistencia a ella. Tenemos la falsa y destructiva idea de que las cosas deben ser siempre como nosotros queremos, y no deberíamos tener que soportar nada que no quisiéramos. Como los niños pequeños, estamos seguros de que si nos quejamos el tiempo suficiente y en voz alta, alguien o algo vendrá a arreglarnos nuestros problemas, por lo que rogamos, rezamos y pedimos. Nos quejamos, protestamos y criticamos. Lloramos, gritamos y pataleamos, lo que, por supuesto, no vale de nada.

Expectativas poco realistas = dolor emocional

Si pensamos en ello, nos daremos cuenta de que prácticamente todo nuestro dolor emocional es una respuesta a situaciones que no se producen como esperábamos. Algunos, por tener esperanzas muy alejadas de la realidad, no nos podríamos sentir peor ni deseándolo, a pesar de que normalmente acabamos decepcionados, y por extraño que parezca, seguimos creándonos el mismo tipo de expectativas irracionales. Esto es especialmente raro dado que, como adultos, *sabemos* que las cosas no ocurren por accidente; somos conscientes de que todo es provocado de una forma u otra y que no tiene sentido pedir que las cosas sean de otra manera.

La verdad sobre la realidad

Es una ventaja saber que la realidad será a menudo diferente de lo que queremos. No importa lo desagradable que nos resulte, la gente *seguirá* actuando de forma que no nos guste y *seguirán* presentándose situaciones desagradables. Disgustarse y oponerse a situaciones que están fuera de nuestro control no hace que desaparezcan; no podemos someter la realidad a nuestro gusto si no somos especialmente felices con ella. Si nos repetimos continuamente lo terribles que son las cosas, antes o después estaremos tan deprimidos que seremos incluso menos capaces que antes de tratar con ellas. Nos conviene recordar que aunque no es necesario que nos *guste* todo lo que pasa, *tenemos* que aceptarlo.

Cómo dejar de resistirse a la realidad

¿Qué podemos hacer para dominar nuestra resistencia a aceptar las realidades de la vida? La política más sabia y más saludable es tomarse las cosas simplemente como vienen, reconociendo que la vida a veces será como nosotros queremos y que otras veces no. Para disminuir nuestra infelicidad, debemos dejar de juzgar el mundo por cómo nos gustaría que fuera, en lugar de por cómo es. Cuando aprendamos a aceptar lo que se nos presente en el camino, nos daremos cuenta de que *las cosas son malas sólo si las interpretamos como tal.* Es muy importante para nuestra paz mental que comprendamos claramente que *no es la realidad lo que ha de cambiar, sino nuestra actitud hacia ella.*

¿Qué podemos hacer cuando las cosas no son de nuestro agrado? Podemos observar con más detenimiento situaciones que no nos gusten, para descubrir cómo contribuimos nosotros a crearlas. Podemos darnos cuenta de que nuestras decepciones no son afrentas personales, sino información que nos dice que afrontemos los asuntos de forma más realista. Siempre habrá veces que seamos infelices pero que no podamos hacer nada para cambiar lo que ha sucedido. Cuando sea éste el caso, una valoración objetiva de las circunstancias, *no influenciada por emociones negativas*, nos revelará nuevas opciones que pueden ser incluso mejores que las que teníamos disponibles originalmente. Entonces, después de haber dado estos pasos, si existe algo que podamos hacer para mejorar la situación, vamos a hacerlo y si no, dirijamos nuestra atención hacia otro asunto.

Cooperar con la realidad

Algunas cosas pueden cambiarse, otras no; en gran medida, nuestra felicidad depende de lo bien que distingamos la primera categoría de la segunda. Cuando dejamos de luchar contra la vida y empezamos a trabajar con ella, nos damos cuenta de que, basándonos en la ley de causa y efecto, las cosas ahora mismo sólo pueden ser como son. Si queremos que sean diferentes, entonces debemos trabajar *nosotros* por hacerlas así. Entonces si decimos: «No me gusta cómo son las cosas», es necesario añadir: «Vamos a ver qué puedo hacer para cambiarlas».

Felicidad futura

Lo único que podemos decir con certeza sobre el futuro es que no importa lo cuidadosa o lo inteligentemente que lo planeemos, habrá cosas que esperemos y otras que no. Esto sólo parece trágico si creemos que tener el control absoluto sobre todos los aspectos de nuestra vida es el ingrediente principal para la felicidad, algo que no es cierto. No hay nada de malo en esperar simplemente que la vida acontezca tal y como es, o en dejar que las circunstancias se desarrollen de forma natural, en lugar de intentar forzarlas para que encajen con nuestras ideas preconcebidas.

Una vez que dejemos de exigir tanto sobre lo que *debería* ocurrir, seremos mucho más felices con lo que *suceda*. Mantener nuestras expectativas ajustadas a la realidad no rebajará nuestros estándares o hará nuestras vidas menos agradables; simplemente nos convertirá en personas más relajadas y felices. Incluso si las cosas no ocurren como nosotros habíamos planeado, el mundo aún es un sitio muy agradable para vivir. Y la realidad, una vez que nos hayamos acostumbrado a cooperar con ella, puede ser incluso placentera.

AUMENTA TU CONCIENCIA

Una prueba de realismo para tus expectativas

Al principio de un folio, escribe la palabra «Expectativas». Debajo, dejando un margen izquierdo de dos centímetros y medio, escribe una lista de situaciones que esperas que ocurran en tu vida. Ésta puede incluir cosas que te *gustaría* que pasaran, que sientes que *deberían* pasar, y aquellas que crees que deben pasar. Pueden estar relacionadas con cualquier parte de tu vida –el colegio, la casa, el trabajo, la vida social, las relaciones...– cualquier cosa que tenga significado para ti. Por ejemplo, te podría *gustar* conseguir un trabajo nuevo, o sientes que la gente *tendría* que ser más amable contigo, o crees que *deberías* sacar un «sobresaliente» en tu examen de Matemáticas. Utiliza tantos folios como quieras.

Separa estas expectativas en tres grupos. En el margen izquierdo, clasifica cada uno de ellos escribiendo «1» para indicar que crees que estaría *bien* que pasara, «2» si piensas que *es importante* que pase o «3» si piensas que *es vital* que pase. Tras haber hecho esto, coge la que consideres más importante de la categoría 3 y escribe una breve descripción de ella al principio de otro folio.

Ahora pregúntate y responde a las siguientes preguntas sobre esa expectativa:

1) *¿Es en realidad posible lo que quiero que ocurra?* ¿Le ha sucedido a otra gente? No tiene que ser necesariamente gente que conozcas en persona. Si otros han experimentado fundamentalmente lo mismo que tú deseas que te ocurra, al menos sabes que puede pasar. Esto lleva lo que esperas del reino de la imaginación al de la posibilidad.

2) *¿Ocurre con cierta frecuencia?* ¿Le ocurre lo que tú quieres que pase a mucha gente o con mucha frecuencia? ¿O sólo sucede de forma poco frecuente y únicamente a pocas personas? Si es común, se aumentan tus oportunidades de conseguirlo y si no, se reducen. Recuerda: aunque otros hayan experimentado una situación en particular, no hay garantía de que nos suceda a *nosotros*.

3) *¿Existen más razones por las que puede ocurrir o por las que no?* Simplemente querer que pase algo no cuenta, porque raras veces sucede algo sólo porque lo queramos de manera desesperada. Desafortunadamente, a veces queremos tanto algo que ignoramos las muchas razones para no conseguirlo. Si hay más razones para que algo *no* deba suceder que para que *sí*, probablemente no ocurrirá.

4) *¿Lo que quieres depende fundamentalmente de ti o implica a otras personas o a la naturaleza?* Si lo que deseas requiere la cooperación de la naturaleza o de una o más personas, las oportunidades de éxito disminuyen considerablemente. Ambos, la gente y la naturaleza, son considerablemente impredecibles, y si alguna de estas variables se encuentra en tu ecuación, es mucho más difícil que consigas tu meta que si depende sólo de ti.

5) *Si hay pasos prácticos que puedas dar para hacer tu deseo realidad, ¿los has dado ya o estás preparado para darlos cuando sea necesario?* Sería estupendo simplemente tumbarse y esperar a que lo que quieres ocurra solo. Normalmente, sin embargo, lo bueno, las partes agradables de tu vida ocurren sólo a cambio de cierta cantidad de esfuerzo por tu parte. A menos que estés dispuesto a emplear tu energía para convertir una situación particular en realidad, probablemente se quedará únicamente en un deseo.

A cuantas más de estas preguntas podamos contestar «sí», más oportunidades de éxito tendremos, porque estamos construyendo nuestras expectativas sobre unos sólidos cimientos de realidad. Con cada «no», sin embargo, nuestras oportunidades de decepción aumentan porque una parte importante de los cimientos está ausente. Si nuestras expectativas tienen poco de realistas, debemos ser personas extraordinarias con una determinación excepcional para alcanzarlas.

Existen dos momentos en los que este ejercicio es particularmente efectivo: cuando decides por primera vez que quieres que pase algo en particular y cuando quieres que algo pase, no pasa y te sientes decepcionado. Seguir este procedimiento mantendrá tu vida y tus expectativas mejor cimentadas en la realidad.

AFIRMACIONES

— *Acepto encantado la vida tal y como viene incluso si no me gusta.*

— *No tengo más opción viable que aceptar lo que sucede.*

— *Elijo sentirme bien sin importarme las circunstancias que se me presenten.*

— *Acepto a todo el mundo incondicionalmente como es.*

— *Acepto encantado lo que sea.*

— *Acepto que a menudo es imposible controlar a los demás o las circunstancias.*

— *Evito resistirme a realidades no deseadas que soy incapaz de cambiar.*

— *No me hace daño lo que ocurre, sino sólo mi resistencia a ello.*

— *Dejo de resistirme a cosas que no puedo cambiar.*

— *Soy flexible; puedo ajustarme a todas las circunstancias que se me presenten.*

— *No es razonable que la gente se comporte como deseamos sólo porque queramos que lo haga.*

— *La vida no es justa o injusta, simplemente es.*

— *Cuando la vida es diferente a lo que queremos que sea, cambio lo que puedo y acepto lo que no puedo cambiar.*

— *Acepto la realidad tal y como es.*

La negatividad

CREENCIA ERRÓNEA:
Ciertos hechos y acontecimientos son perjudiciales por naturaleza.

Queremos ser felices, ¿no?

¿Preferirías ser feliz o infeliz? Puede que parezca una pregunta retórica, porque todo el mundo quiere ser feliz, ¿no? Pues por extraño que parezca, aunque todos creemos que queremos serlo, tenemos muchas veces al día la oportunidad de elegir entre la felicidad y la infelicidad y ¡elegimos la infelicidad! Puede que un amigo llegue tarde a una cita y nos enfadamos. O se nos cae algo encima y nos irritamos. A lo mejor el jefe nos echa una bronca y nos asustamos por si perdemos el empleo, o la persona con la que hemos

179

estado saliendo varios meses no nos ha llamado hace tiempo y no contesta nuestros mensajes, por lo que nos sentimos ansiosos y asustados.

Interpretamos este tipo de situaciones negativamente. Las consideramos malas, horribles, trágicas, temibles, terribles, serias y demás: les aplicamos etiquetas desagradables para ilustrar lo espantosas que nos parecen.

¿Son naturales los sentimientos dolorosos?

Puede que digas: «Espera un momento, esos sentimientos son normales. Son naturales. Todo el mundo reacciona así cuando le suceden cosas malas de este tipo». Es cierto, los sentimientos negativos son normales, en tanto en cuanto la mayoría de la gente los siente de vez en cuando, pero no son en absoluto naturales. Puede que nos lo parezcan porque los venimos experimentando desde siempre, pero para que fueran respuestas intrínsecas deberían formar parte de nuestro mecanismo biológico y tenerlas desde que nacemos, y no es así.

Cómo nos afectan las emociones negativas

¿Mejoran algo las circunstancias si nos sentimos mal? Desde luego que no. Van a peor porque no hay circunstancia que mejore al mirarla negativamente.

Las emociones negativas limitan nuestra perspectiva

Las emociones desagradables tienen un efecto paralizante en nuestros procesos mentales. Bloquean nuestro pensamiento y hacen que tomemos decisiones y elecciones equivocadas. Cuando respondemos negativamente a una situación no nos enfrentamos al verdadero problema, sino que repetimos inconscientemente viejos patrones de comportamiento que aprendimos al principio de nuestra vida y que no sirven de nada. Al reaccionar ante los problemas de esta forma mecánica, desaprovechamos la oportunidad de enfrentarnos a ellos de forma consciente y creativa y perdemos la ocasión de resolverlos y aprender.

Las respuestas negativas pueden dañarnos físicamente

Si experimentamos furia o miedo intensos, nuestro sistema nervioso simpático moviliza nuestro cuerpo para correr o luchar. Entre otras cosas, segrega adrenalina, haciendo que nuestro corazón lata con más fuerza y llegue más cantidad de sangre a los músculos. De este modo se prepara para protegernos del peligro físico, cuando de hecho nuestros problemas suelen ser de tipo emocional o psicológico. Una vez que hemos generado esta energía, tiene que gastarse de alguna manera. Por desgracia, solemos descargarla mediante un comportamiento inapropiadamente agresivo hacia los demás o dirigiéndolo contra nosotros mismos, creando una situación que llamamos *estrés*. Si estamos continuamente sujetos al estrés, nos volvemos propensos a una serie de enfermedades psicosomáticas, como úlceras, hipertensión, dolores de cabeza, asma, eccemas, urticaria y psoriasis.

Las emociones negativas no sirven de nada

¿Afrontar las situaciones con emociones negativas hace que sean más fáciles de manejar? En absoluto. De hecho, es más probable que nos *impidan* conseguir lo que queremos en lugar de ayudarnos, porque los sentimientos negativos son contraproducentes. Cuando analizamos nuestros problemas desde un punto de vista negativo, las posibilidades de encontrar soluciones adecuadas disminuyen. En lugar de solucionar los problemas, una actitud negativa los perpetúa. Si nos hemos convencido de que cierta situación es mala, es raro que intentemos ver su lado positivo y, por tanto, nos mostramos reacios a admitir que pueda haber algo bueno en ella.

Cómo aprendimos a ser negativos

Al observar las acciones de los demás de niños, nos dimos cuenta de que cierto tipo de situaciones provocaba respuestas emocionales específicas. La gente se enfadaba si pasaba una cosa o era infeliz en respuesta a otra. Nuestros jóvenes ojos consideraban que la situación provocaba la respuesta. Así que para ser como los demás y no atraer sobre nosotros una atención no deseada, estructuramos nuestro comportamiento igual que el suyo y empezamos a reaccionar igual que ellos cuando estábamos en situaciones parecidas.

Es esta actitud de imitación el motivo de que respondamos a la muerte con gran dolor, a la pérdida con pena, a la frustración con enfado, a la incertidumbre con aprensión, a la indiferencia sintiéndonos dolidos, a la falta de excitación con aburrimiento, etc. Así que en vez de ser naturales, estas actitudes poco adecuadas son reacciones aprendidas, patrones de comportamiento habituales que usamos para responder a situaciones que interpretamos como real o potencialmente dolorosas.

Pero ¿no es apropiado sentirse mal respecto a ciertas cosas? ¿No es normal sentir mucho dolor ante la muerte de un ser querido? En algunas culturas sí, incluso entre las que creen en la vida después de la muerte, porque el dolor es la respuesta acostumbrada en esas circunstancias. En otras, no. Algunas sociedades consideran la muerte como una experiencia liberadora, una transición bienvenida que permite a la gente trascender las limitaciones terrenales y embarcarse en una existencia más agradable y plena. Para los pertenecientes a estas culturas, el fallecimiento de un ser querido es razón de celebración y regocijo, no de pena.

La verdad sobre nuestras respuestas

¿Cuál es la verdad sobre las situaciones o experiencias que hemos aprendido a considerar negativas? Aunque tendemos a pensar que ciertos hechos tienen que provocar automáticamente respuestas emocionales desagradables, no es cierto. Puede haber momentos en los que la situación parezca tan grave que sea difícil imaginar que pueda *haber* una parte positiva, pero no existe *ningún* acontecimiento que sea intrínseca o inherentemente negativo. Todo lo que ocurre es esencialmente neutral en su carácter: ni positivo *ni* negativo. Las cosas sólo *parecen* buenas o malas porque hemos aprendido a interpretarlas así.

Si decidimos que cierto hecho es horrible, recogemos datos que corroboren esa creencia y, desde luego, parece horrible. Por otro lado, si decidimos que es agradable, recogemos pruebas para apoyar esa creencia, y el hecho adquiere el carácter de acontecimiento agradable. En otras palabras, *podemos hacer que todo parezca beneficioso o un desastre según la actitud que tomemos hacia ello.*

CONTRACREENCIA:
Puedo reconsiderar cualquier acontecimiento o hecho aparentemente negativo y sacar beneficios de él.

No hay nada —absolutamente nada— que no presente aspectos positivos a la vez que negativos. Si la parte positiva no resalta a primera vista, sólo tenemos que buscarla. Como siempre está ahí, podemos elegir enfatizar esa parte en lugar de la más dañina. Esto puede parecer difícil de comprender al principio porque es totalmente diferente de lo que siempre hemos creído, pero no es menos cierto por no tratarse de lo común.

Todos hemos oído la historia del pesimista diciendo que el vaso está medio vacío y el optimista afirmando que está medio lleno. El pesimista dirá: «¡Esta situación es horrible!», mientras que el optimista se preguntará: «¿Cómo puedo hacer que esta situación me favorezca?». ¿Qué es en realidad un optimista sino alguien que ha tomado por costumbre encontrar beneficios en toda situación, y que se niega a aceptar la negatividad como única respuesta?

Ser positivos no es obligarnos a creer

Puede que pensemos: «¿No nos estamos engañando si hacemos esto, no estamos suponiendo que las cosas son diferentes de lo que son? Rotundamente **NO**. No es necesario el engaño. Lo que hacemos es explorar el relegado, pero igualmente real y válido, aspecto positivo de la situación. No es necesario ni deseable engañarnos para creer que una situación no tiene aspectos desfavorables porque eso haría que viéramos las cosas de forma poco realista. Pero ¿qué ocurre si una situación *tiene* aspectos negativos? ¿Qué sentido tiene regocijarse en ellos e ignorar los *buenos* que nos pueden beneficiar?

A veces tenemos tan arraigada en nuestra mente la idea de que cierto tipo de evento es trágico, que nos negamos a aceptar cualquier pensamiento que sugiera lo contrario. ¿Tiene sentido insistir en que algo es horrible si hace que nos sintamos mal? ¿Hay alguna persona racional que elija ser infeliz cuando no tiene por qué serlo? Dado que la opción de adoptar una perspectiva positiva siempre está ahí, ¿por qué aferrarnos al dolor y a la pena de adoptar una negativa?

Esto no quiere decir que la gente no tenga derecho a responder de forma negativa si quiere, o que experimente emociones desagradables. Por supuesto que sí. La cuestión es que no *tiene* que ser así, el dolor que resulta de respuestas negativas es totalmente voluntario. Si, siendo conscientes de que existen mejores alternativas, *elegimos* responder negativamente, es como si nos dieran a elegir entre pan y tierra estando hambrientos y, en vez de elegir el pan para alimentarnos, nos contentáramos con comernos la tierra.

La cuestión es la siguiente: tenemos elección, podemos interpretar las circunstancias positiva **o** negativamente. Dado que los beneficios de afrontar las cosas de forma positiva son evidentes, ¿por qué deberíamos afrontarlas de otro modo? Al fin y al cabo, no hay una ley que diga que *tenemos* que reaccionar de forma negativa a ciertas situaciones, lo hacemos por costumbre y por tradición.

Acentuar lo positivo

¿Qué sucede si, por ejemplo, se nos avería el coche y no nos lo pueden arreglar en seguida? ¿Qué parte positiva puede tener un problema de este tipo? ¿Qué podemos hacer en estas circunstancias? Vamos a considerar algunas alternativas. Podemos decir: «Esto es terrible, es horrible, no sé qué voy a hacer. ¿Cómo me las voy a arreglar sin coche?». Esto haría que nos sintiéramos fatal, y no nos serviría de nada. Pero ¿qué pasa si analizamos la situación de forma constructiva?:

– Si no tenemos que ir a ningún sitio, podemos aprovechar y quedarnos en casa para hacer algunas cosas que hemos ido posponiendo por falta de tiempo.

– Podemos probar a ir a nuestro destino andando o en bici y descubrir que no sólo es bueno para la salud, sino que además es divertido.

– Puede ser la oportunidad perfecta de buscar un coche nuevo, mejor y más fiable.

– Podemos sumar nuestros gastos por el coche al año, y darnos cuenta de que nos sale mucho más barato usar el transporte público en lugar de pagar seguros, gasolina, neumáticos, reparaciones y mantenimiento.

– Si probamos a ir en autobús al trabajo, puede que decidamos que nos gusta porque podemos relajarnos o leer, en vez de tener que sufrir estrés en los atascos todos los días.

– Podemos decidir que es una buena oportunidad para probar pequeñas tiendas especializadas que están más cerca y que hemos ignorado yendo a grandes almacenes que se encuentran más lejos.

Quizá el problema es que perdemos el trabajo. Puede que nos sintamos algo inseguros al no tener asegurada la próxima nómina. Sin embargo, a muchos de nosotros no nos gusta el trabajo que tenemos actualmente, así que quizá pueda ser una buena oportunidad para buscar uno que *sí* nos guste, a lo mejor más cerca de casa, en un ambiente más agradable o mejor pagado. Da igual el tipo de circunstancia al que nos enfrentemos, si nos damos cuenta de que estamos pensando en ella de forma negativa, podemos decidir abandonar la perspectiva habitual por otra más aprovechable.

El cambio puede resultarnos raro

Sustituir a propósito emociones negativas por positivas puede resultar artificial al principio, no te sorprendas. Si tenemos la costumbre de ver ciertas situaciones de forma determinada, cambiar nuestra actitud chocará con nuestros patrones de pensamiento habituales. Además, dado que nuestros pensamientos han sido tanto tiempo de la misma manera, puede que nuestros intentos de ponerlos en orden encuentren cierta resistencia al principio.

Sin embargo, estos sentimientos de extrañeza son temporales. Cambiar nuestros hábitos de pensamiento es como aprender cualquier otra habilidad, como jugar al tenis, bailar o conducir: requiere un poco de tiempo y cuesta cierto esfuerzo al principio, pero cuando le cogemos el punto, podemos ponerlas en práctica inmediatamente. Lo único que necesitamos es nuestra decisión de hacer el cambio y la constancia para conseguirlo. A medida que vayamos haciéndolo, nos daremos cuenta de que no sólo no es tan duro como parece, sino que hasta puede resultar divertido. Al final, veremos que cualquier incomodidad que nos pueda provocar este cambio es ampliamente compensada por los beneficios a largo plazo.

Cómo nos beneficia una perspectiva positiva

Podemos tomar el control de nuestras vidas

Poder sacar la parte buena de que lo que nos sucede nos otorga el control, nos damos cuenta de que no es necesario asumir nuestra derrota, sentirnos víctimas o pensar que estamos a merced de las circunstancias desfavorables. Al aprovecharnos de los aspectos positivos de una situación, tomamos el control y hacemos que trabajen a nuestro favor. Independientemente de lo que ocurra a nuestro alrededor, aunque nos esclavicen o nos encarcelen, tener el control absoluto sobre nuestros pensamientos puede hacer de nuestro mundo interior un lugar libre.

Podemos hacer que nuestros sentimientos trabajen a nuestro favor

Aunque lo dudemos muchas veces, vivimos en un mundo amigable y solidario. Si a veces parece lo contrario es por la forma en que interpretamos las cosas que nos pasan. Ya que nuestros pensamientos están directamente relacionados con cómo nos sentimos, cuando cambiamos nuestra perspectiva y resaltamos los aspectos positivos de los acontecimientos, nuestros sentimientos hacia ellos también cambian y nos sentimos más felices. Al elegir cómo reaccionar, escogemos cómo nos sentimos.

Una perspectiva negativa hace que nos sintamos mal

Dependiendo de cómo la usemos, nuestra habilidad para interpretar las cosas como queramos puede ser nuestra mayor desgracia o nuestro mayor regalo. Cuando nos decimos que una situación es horrible o trágica y nos formamos un juicio negativo sobre ella, nuestro cuerpo deja de producir endorfinas, los productos bioquímicos naturales que hacen que nos sintamos bien. No sólo no nos sentimos bien cuando nos pasa eso, nos sentimos *mal*.

Una actitud positiva mejora nuestra capacidad de resolver problemas

Todo sin excepción tiene una parte positiva y otra negativa. Afrontar una situación de forma positiva abre nuestras mentes a oportunidades y aspectos beneficiosos que seguramente pasarían desapercibidos si estuviéramos concentrados en lo malo que es todo. Es lógico que, mientras estemos concentrados en los aspectos negativos de una situación, no nos demos cuenta de que puede haber algunos beneficiosos. Al dirigir nuestra atención hacia la parte positiva, podemos demostrar, como ya han hecho otros, que los problemas se pueden usar en nuestro beneficio, las desventajas pueden convertirse en ventajas y las pérdidas en ganancias.

Tenemos la oportunidad de cambiar nuestras respuestas

Puede que a algunos nos preocupe volvernos fríos si rebajamos las facetas negativas de la vida, pero no ocurre así. Por el contrario, experimentamos la misma emoción de siempre, pero con una importante diferencia: será claramente más feliz y más llena de amor, creatividad y satisfacción por nuestros logros que nunca. Por supuesto que experimentaremos menos sentimientos *desagradables*, pero eso es una ganancia, no una pérdida.

Podemos crearnos una nueva vida

Los psicólogos Willard y Marguerite Beecher escriben: «En realidad, la felicidad no tiene causas. Es la decisión –que se puede tomar consciente o inconscientemente– por parte del individuo, de que merece la pena vivir, aunque acarree sus problemas».

La felicidad termina y empieza en nuestras mentes, somos felices e infelices no por lo que nos pasa sino por lo que *pensamos* de lo que nos pasa. Como decía Shakespeare en *Hamlet*: «No hay nada bueno o malo, es el pensamiento quien lo hace». La liberadora verdad es que no hay nada en el mundo terrible u horrible, *a menos que lo definamos arbitrariamente así*. No tenemos que ver nada como negativo, no importa lo que nos hayan dicho los demás, lo que crean o cómo hayamos respondido en el pasado. Somos libres de reaccionar constructivamente. Dado que esta opción siempre está ahí, ¿por qué responder de otro modo?

Como podemos ver por los que nos rodean, alguna gente vive vidas mayoritariamente agradables, y no es por casualidad. Cambiando cómo vemos las cosas, **las nuestras también pueden serlo**. Aunque no se pueda modificar el curso de los acontecimientos, *podemos* cambiar nuestra actitud hacia ellos, y eso es lo verdaderamente importante. Mirar siempre al lado positivo de la vida hará que nuestro futuro sea más satisfactorio, agradable y confortable. Como dijo un sabio una vez: «No es el universo lo que necesita mejorarse, sino nuestra forma de verlo».

AUMENTA TU CONCIENCIA

(Tendrás más éxito con este ejercicio si empiezas con hechos que no te perturben demasiado. Tómate tu tiempo antes de pasar a experiencias más dolorosas.)

Divide un folio en dos con una raya. En la parte de arriba de la columna de la izquierda escribe «Perspectiva negativa», y en la derecha, «Perspectiva positiva». En la columna de la izquierda haz una lista con acontecimientos que te hayan ocurrido recientemente y consideres malos o dolorosos. Escribe lo que pensaste en el momento. Ahora piensa en algún aspecto positivo de la situación y escríbelo en la columna de la derecha. Si normalmente respondes de forma negativa, puede que al principio te cueste un poco encontrar los aspectos positivos. Si te ocurre esto, usa cualquiera de ellos para contrarrestar las impresiones negativas, incluso aquello que te resulte tonto o trivial. Lo importante no es lo admirable de tus ideas sino tu capacidad para cambiar a un enfoque positivo. Cuando terminés con ese incidente, pasa a otro.

Verás que hacer este ejercicio durante una media hora al día empieza a cambiar tu punto de vista. Con la práctica, te acostumbrarás a ver las cosas de forma más constructiva y te dará una disposición más positiva. Recuerda que este ejercicio no es algo que hagamos sólo para sentirnos mejor, también para desarrollar una visión más precisa y objetiva de la realidad porque ésta no es positiva ni negativa.

AFIRMACIONES

— *Elijo ver cada incidente de mi vida como beneficioso para mí de alguna forma.*

— *Elijo destacar los aspectos positivos de cualquier situación.*

— *Mi respuesta es siempre elección mía.*

— *No es lo que me sucede lo que me causa dolor, sino cómo lo interpreto.*

— *Asumo la responsabilidad de hacer del mundo un lugar más agradable para mí.*

— *Estoy dispuesto a disfrutar de la vida.*

— *Disfruto de estar vivo.*

— *Dado que controlo mis pensamientos, puedo elegir ver cualquier cosa de forma positiva.*

— *Mi felicidad no la causa gente o elementos externos a mí, la creo yo mismo.*

— *Me niego a enfadarme por cosas que no puedo controlar.*

— *Mi felicidad depende de mí.*

15

Resolver
problemas

«...un rompecabezas es un problema que no podemos resolver porque normalmente descartamos equivocadamente una solución».

RUSSELL L.ACKOFF

CREENCIA ERRÓNEA:
Mis problemas los causa la gente y las circunstancias de mi vida.

Se nos dice que hay tres tipos de gente: los que *hacen* que las cosas pasen, los que *miran* cómo pasan las cosas y los que se preguntan: «¿Qué ha pasado?». En otras palabras, hay:

1) gente que utiliza su iniciativa para crearse circunstancias favorables
2) gente que intenta adaptarse a las circunstancias existentes y
3) personas que se consideran víctimas de las circunstancias y que creen que pueden hacer muy poco al respecto.

Estas actitudes representan los tres niveles básicos de la auto-estima. En ningún sitio revelamos su posición tan claramente como cuando tenemos que resolver problemas. Para mostrar cómo nuestros sentimientos hacia nosotros mismos afectan a la forma en la que resolvemos problemas, vamos a ver una situación que podría ocurrirle a cualquiera y a intentar llegar a una solución satisfactoria utilizando cada una de las estrategias.

Lisa y Susan

Lisa McCallum trabajaba en el departamento de publicidad de un gran fabricante de ordenadores. Una mañana, el jefe de departamento, el señor Prentice, había citado a todos los miembros de éste en su oficina. El propósito de esta reunión, explicó, era informarles de que la firma estaba planeando una campaña publicitaria especial para presentar su nuevo y más potente ordenador. Según el señor Prentice, en lugar de que el personal hiciera una puesta en común de sus ideas como hacían normalmente, el presidente de la compañía seleccionaría el tema para la campaña publicitaria entre los bocetos realizados por empleados del departamento de publicidad. La persona que fuera elegida estaría a cargo del proyecto y recibiría un importante suplemento económico. Prentice les dijo que tenían que presentar sus ideas por escrito para el día 12, y el nombre del ganador se publicaría en el tablón de anuncios el 16.

Cuando Lisa llegó al trabajo el día 16, estaba muy nerviosa. Sabía que la idea que había entregado era excelente y estaba convencida de que iba a ganar. Pero cuando miró el boletín informativo, se quedó boquiabierta: ¡Susan Rawlins era la ganadora! La idea de Susan era muy parecida a la de Lisa, sólo que Susan la había desarrollado más.

De repente a Lisa se le ocurrió que Susan podía haberle copiado su idea. Se acordó de que un día volvía del almuerzo y encontró a Susan inclinada sobre la mesa en la que estaban sus apuntes sobre el proyecto. Lisa recordó haber oído algún comentario en la oficina sobre Susan, insinuando que podía haber hecho algo parecido anteriormente. Se quedó perpleja. Desafortunadamente, no tenía pruebas de que la idea era originalmente suya. En estas circunstancias, ¿qué podía hacer?

Resolver el problema

Aunque sólo hay pruebas circunstanciales que sugieren que Susan robó la idea de Lisa, vamos a asumir que la *copió*. ¿Cuál sería la forma más efectiva de afrontar este problema y evitar que ocurra de nuevo?

Soluciones de nivel uno

La víctima indefensa

Lisa se preguntó si **no sería mejor olvidarlo sin más porque probablemente no conseguiría nada de todas formas.** Cuando respondemos a situaciones como ésta con resignación, se debe sobre todo a que dudamos de nuestra capacidad de resolverlas a nuestro favor. Dado que nuestra situación parece tan desesperada, ¿por qué esforzarse? Nuestra experiencia nos lleva a creer que nuestros intentos de arreglarla serían una pérdida de tiempo. Al no hacer nada, confirmamos nuestra creencia de que somos víctimas impotentes y que nunca sabremos qué tipo de crisis puede ser la próxima que nos hunda.

Cuando nuestra autoestima es tan frágil, nos sentimos incapaces de afrontar los problemas directamente. No nos parece que lo tengamos todo *bajo control* sino que estamos *siendo* controlados. Para nosotros, la tierra es un planeta hostil en un universo desagradable, donde nos abruma un desastre detrás de otro y donde los demás tienen los golpes de suerte mientras que a nosotros sólo nos tocan las desgracias.

La víctima negativa

En lugar de quedarse de brazos cruzados, Lisa decidió idear una táctica diferente. **No le diría nada a nadie, pero planearía una forma de igualar las cosas**. Esta actitud representa una pequeña mejoría sobre la desesperanza porque estaría actuando, en lugar de simplemente compadecerse de sí misma. Actuar así, sin embargo, servirá de poco excepto para liberar tensión emocional, porque nuestro objetivo no es hacerlo bien, sino tomar represalias. Ya que no tenemos pruebas concretas de que Susan sea culpable, por lo que sabemos, ¡podríamos estar planeando vengarnos de alguien que es totalmente inocente! Desde este punto de vista ético, si nos *comportáramos* así, nuestras acciones no serían mejores de lo que creemos que son las que le atribuimos a Susan. Buscar la venganza podría dañarla o causarle molestias, pero no resolvería el problema.

Estas dos posibilidades ejemplifican dos soluciones sin salida. Nos permiten evitar enfrentarnos al problema directamente, pero al mismo tiempo perdemos la oportunidad de resolverlo. Si elegimos alguna de ellas, respondemos desde la debilidad más que desde la fuerza. Si asumimos el papel de la **víctima indefensa**, aceptamos pasivamente todo lo que pasa. ¿Y qué sucede si asumimos el papel de la **víctima negativa**? Pues que en lugar de *actuar*, lo que podría mejorar la situación, estaríamos *reaccionando*, intentando causar el mismo dolor que creemos que ella nos ha causado a nosotros. Sólo recurrimos a este tipo de respuesta si creemos que no hay forma de solucionar un problema.

Probabilidad de éxito de las soluciones de nivel uno: *ninguna*
Probabilidad de que el problema se repita: *alta*

Soluciones de nivel dos

La víctima quejumbrosa

Lisa se lo pensó mejor. Decidió que las soluciones anteriores eran inútiles, y además no harían que Susan supiera que *Lisa* tenía conocimiento de lo que había hecho. Sabía que tenía otras opciones. **Podía hablar con su jefe y decirle que creía que Susan le había robado la idea y que había oído rumores de que lo mismo había sucedido anteriormente**. Se dio cuenta, sin embargo, de que, aunque el señor Prentice decidiera tomar cartas en el asunto, no tenía pruebas para sostener su acusación. Sería pues su palabra contra la de Susan, así que descartó la idea.

La víctima furiosa

Furiosa por lo injusto de la situación, pensó decirle a Susan, sin pelos en la lengua, lo que pensaba de alguien que jugaba tan sucio. Pero con los nervios tan alterados, razonó, acabaría haciéndose más mal que bien a sí misma, así que sabiamente descartó esa opción. Decirle a Susan lo que pensaba de ella podía liberarla de un poco de tensión emocional, pero no la acercaría ni un ápice a la solución del problema.

La víctima vengativa

Al darse cuenta de que sus emociones podían nublar su entendimiento, pensó que sería mejor calmarse primero, **tener una tranquila conversación con Susan y decirle que si volvía a pasar algo por el estilo, se aseguraría de que toda la empresa supiera el tipo de persona que era**. Casi con la misma rapidez que lo pensó, lo descartó. Sólo tenía sospechas para probar su acusación, y ésa no era suficiente munición para enfrentarse a Susan. Además se dio cuenta de que lo más probable era que todo acabara en una competición de insultos en vez de dar un resultado satisfactorio.

¿Por qué decidió Lisa que estas respuestas seguramente no funcionarían? Aunque las acciones de la **víctima quejumbrosa** y la **víctima furiosa** podían liberarla de parte de la tensión emocional, ninguna iba a dar resultados positivos. El mayor obstáculo para que funcionara la actitud de la víctima vengativa era que requería de Susan un comportamiento distinto al habitual. Si se puede solucionar un problema simplemente cambiando el comportamiento de alguien, más vale que estemos dispuestos a ofrecerles un incentivo positivo, o será difícil que cooperen. Las soluciones de nivel dos sólo ofrecen incentivos negativos: miedo a la autoridad, evitar la furia de los demás, o miedo a ser descubierto. Aunque evitar estas amenazas puede ser un importante incentivo, la posición de Lisa era tan débil que esas estrategias tenían pocos visos de triunfar.

Probabilidad de éxito de las soluciones de nivel dos: *baja*
Probabilidad de que el problema se repita: *alta*

La solución de nivel tres

La no víctima

Lisa estaba muy confusa. Se le habían ocurrido algunas soluciones posibles, pero no parecía que ninguna de ellas fuera a tener éxito. ¿Qué más podía hacer? «Un momento», pensó, «¿estaré viendo la situación con el enfoque equivocado? Quizá no es la *respuesta* lo que tengo que cambiar, sino el *problema*. ¿Y si **el problema *no* fuera que Susan me haya robado la idea, sino que *yo fui una imprudente dejando mi trabajo por ahí para que pudiera verlo todo el mundo*?**». Lisa había acertado.

CONTRACREENCIA:

Los problemas no me los causa ni la gente
ni las circunstancias, sino yo mismo.

Replantearse el problema no solucionará el que Susan le robara la idea a Lisa, pero con su nueva sabiduría, Lisa acepta que es el precio de su descuido. Se ha dado cuenta de que es más importante tomar medidas para evitar que un problema vuelva a ocurrir que intentar solucionar la situación actual a nuestro favor. Es como perder la batalla pero ganar la guerra. Al entender que está en sus manos evitar que una situación así pueda volver a repetirse, Lisa elimina un montón de problemas futuros.

Ninguna de sus reacciones anteriores habría funcionado porque había definido el problema de forma equivocada. Pensaba que era que Susan le había robado la idea. Pero en realidad ése era un problema *secundario* producido por la existencia de un problema *primario*: su descuido al dejar su trabajo a la vista de todo el mundo. Si eliminaba el primario, el secundario no podría volver a ocurrir. Sólo definiendo el problema correctamente podría encontrar una solución efectiva y permanente que no requiriese que cambiara nada, excepto ella misma.

Al pensarlo, Lisa se dio cuenta de que era poco realista esperar que todo el mundo que trabajaba con ella fuera honesto. Como no podía hacer un test de honestidad a toda la gente con la que se relacionaba, no podía estar segura de quién era de fiar. Al ser éste el caso, decidió que era mejor no suponer que la gente fuera *ni* honesta *ni* deshonesta, sino mantener una mente abierta hasta que las circunstancias le mostraran que eran de una forma u otra. Al hacer esto, se preparaba para ambas posibilidades y eliminaba la probabilidad de que este tipo de problema volviera a suceder en el futuro.

Probabilidad de éxito de la solución de nivel tres: *alta*
Probabilidad de que el problema se repita: *baja o nula*

Cómo afecta nuestra autoestima a nuestra capacidad de resolver problemas

Muy pocos resolvemos todos nuestros problemas desde el mismo nivel. Esto se debe a que estamos más dispuestos a aceptar nuestras carencias y debilidades en unas áreas que en otras. Generalmente, sin embargo, nuestro grado de autoestima determina *primero* si intentaremos solventar el problema, y *segundo* el nivel desde el que lo afrontamos.

Soluciones de nivel uno

Si tenemos la autoestima baja, solemos decantarnos por las soluciones de nivel uno. Los que actuamos desde este nivel pensamos incorrectamente que muchos problemas no tienen remedio.

Además, esto nos lo ha dicho gente cuya propia incapacidad para resolver problemas parece aportar suficientes pruebas de ello. Dado que esta creencia nos anima a dejar de lado los problemas en lugar de afrontarlos, tenemos poca experiencia en resolverlos y, por tanto, tenemos poca fe en nuestras capacidades.

Soluciones de nivel dos

Si tenemos una autoestima moderada, tendemos a usar soluciones de nivel dos. Cuando actuamos desde este nivel creemos que muchos problemas *tienen* solución, pero sólo con la cooperación de otros. Por eso fallan tan a menudo los intentos de resolver problemas desde este nivel. Aunque las soluciones de nivel dos requieren un cierto grado de flexibilidad por *nuestra* parte, esperamos que los cambios más importantes los hagan *otros*. Aunque quieran alterar su comportamiento para agradarnos, los cambios que hagan serán seguramente temporales, a menos que podamos ofrecerles incentivos deseables. Si nuestra solución requiere que otros cambien su comportamiento para que funcione, existen bastantes posibilidades de que fracase.

Soluciones de nivel tres

Solucionar un problema desde el nivel tres requiere que primero aceptemos la culpa del problema y, después, cambiar nuestras acciones para eliminarlo. Por tanto, sólo los que tienen la autoestima lo suficientemente alta como para no sentirse amenazados por la autocrítica o por el cambio elegirán este nivel. Pero las soluciones de este nivel son las únicas que nos ofrecen una solución permanente a nuestros problemas. Si los afrontamos desde cualquiera de los otros niveles, corremos el riesgo de que nunca se resuelvan a nuestro gusto.

Acepta la responsabilidad

Nuestro mayor problema

El mayor problema al que se enfrenta nuestra civilización no es la guerra, el hambre, la pobreza o las enfermedades. Ni éstos ni los que escuchamos diariamente en las noticias. El más grave de todos es nuestra negativa a aceptar la responsabilidad de nuestras propias vidas. Ya sea como individuos, comunidad, ciudad o nación, somos reacios a sentirnos responsables de lo que nos ocurre, y ésta es la raíz de todos los problemas que amenazan no sólo a nuestra civilización sino a todo el mundo. Es esta ceguera, ya sea como individuos o en términos globales, lo que lleva a los fumadores enfermos del pulmón a culpar a las tabaqueras, a los conductores borrachos a culpar al bar que les vendió alcohol y a todos los demás a echarle la culpa de nuestras desventuras a cualquiera menos a nosotros mismos.

Por qué culpamos a los demás

¿Por qué existe esta necesidad casi generalizada de echarle la culpa de nuestros problemas a otros? Dicho de forma simple, porque pocos de nosotros nos gustamos lo suficiente como para aceptar la culpa. Nos sentimos amenazados si tenemos que admitir cualquier tipo de fallo. Si lo hacemos existe el riesgo de que nuestra ya frágil autoestima se haga aún más pequeña. Si logramos convencernos de que *otros* tienen la culpa de nuestros problemas, podemos acusarlos a *ellos*, en lugar de a nosotros. Mientras ignoramos tranquilamente nuestra participación en crear el problema, podemos insistir en que es *su* obligación resolverlo. Por otra parte, si aceptamos que hemos desempeñado un papel en crear el problema, entonces tenemos que cambiar *nosotros*.

Culpar a otros no funciona

Es tentador pensar que si la gente se comportara como debiera (lo que quiere decir que se comportara como *nosotros* queremos), todos nuestros problemas desaparecerían. Pero lo cierto es que la responsabilidad de ellos es principalmente nuestra. *Siempre hemos tenido la capacidad de evitar muchos problemas, porque las elecciones y decisiones que nos han llevado a ellos siempre han sido nuestras.*

La solución

No es cuestión de que no tengamos la sabiduría y comprensión suficientes para evitar los problemas. Sí que las tenemos pero hemos afrontado los problemas de forma equivocada. En vez de buscar a nuestro alrededor para encontrar la causa, tenemos que dirigir nuestra atención más cerca. Debemos darnos cuenta de que somos una *causa*, no un *efecto*: que nuestras vidas las controlamos *nosotros*, que *tenemos* la capacidad de evitar muchas dificultades, que los problemas no «ocurren» porque sí, sino por lo que hacemos o dejamos de hacer, que los problemas suelen empezar *dentro* de nosotros y no *fuera*, y que dado que se originan ahí, ahí es donde debemos solucionarlos. En lugar de decir: «¡Mira lo que me ha hecho!», debemos aprender a estar cómodos diciendo: «¿Qué podía haber hecho yo para evitarlo?».

Cuando nos enfrentemos a un problema, lo primero que tenemos que hacer es asumir que lo hemos causado nosotros. Esto no es cierto siempre. Pero *sí* que lo es muchas veces, y si asumimos que es así empezaremos a buscar formas de solucionarlo por *nosotros mismos*. Cuando nos enfrentamos a un problema tenemos que preguntarnos: ¿Había algo que razonablemente pudiera haber hecho para evitar esto? Con esta actitud abierta podremos seguir nuestra participación hasta el lugar donde una acción diferente por nuestra parte habría evitado que sucediera. Al hacerlo, obtenemos la solución. Puede que esto no nos ayude a resolver el problema inmediatamente, pero entender cómo hemos ayudado a crearlo nos enseñará cómo evitarlo en el futuro.

Cuando, al cambiar nuestra perspectiva comprendamos que somos *nosotros y no otros los que causamos nuestros problemas*, no perderemos más el tiempo buscando soluciones que impliquen que otra gente tenga que cambiar su comportamiento. Por el contrario, seremos como aquel que dijo «me preguntaba por qué alguien no había hecho algo, y entonces me di cuenta de que *yo* era ese alguien».

Aceptar la responsabilidad personal

¿Qué significa aceptar la responsabilidad personal? Significa que cuando tengamos una experiencia desagradable, miremos primero en nuestro interior para ver cómo hemos podido causarla, y sólo después de asegurarnos de que no han sido nuestras acciones pasadas las culpables, busquemos otro culpable. Significa abandonar el papel de víctima y aceptar el hecho de que somos nosotros, y sólo nosotros, los responsables de nuestras vidas y nuestro bienestar. Significa aumentar nuestra conciencia sobre el precio que antes o después tendremos que pagar por nuestras acciones. Significa que aunque no nos demos cuenta o *no nos guste*, no podemos evitar las consecuencias de todo lo que pensamos, decimos y hacemos. Significa darse cuenta de que, cuando nuestras vidas están fuera de control, nosotros somos los únicos que podemos restablecer el orden. Finalmente significa que podemos cambiar la acritud, ira y frustración por la paz, alegría y satisfacción que sentimos cuando tomamos las riendas de nuestra vida.

No habremos pasado de la niñez a la madurez hasta que dejemos de decir «se ha roto» y afirmemos «lo he roto». Cuando lo hagamos, ganaremos un increíble sentimiento de libertad porque nos daremos cuenta de que la solución a la mayoría de nuestros problemas está en nuestras manos. Experimentaremos esta sensación y sabremos que somos libres cuando dejemos de culpar de nuestra infelicidad a nadie salvo a nosotros mismos.

AUMENTA TU CONCIENCIA

Recuerda alguna situación pasada en la que te agredieran, fastidiaran mucho o tuvieras un problema grave. Ahora descubre cómo podías haberlo evitado asumiendo que lo causaste *tú*. Con este objetivo, recuerda la situación, paso por paso, hasta que llegues a un punto en el que una acción tuya hubiera evitado el problema.

Supongamos, por ejemplo, que conducías por la autopista y tuviste un accidente al pincharse una rueda. Ahora, sin pensar en el papel que podían haber desempeñado los demás en la situación, ¿qué podías haber hecho tú para evitar que ocurriera? Una solución, por ejemplo, es evitar conducir quedándote en casa o usando algún medio de transporte público. Esto seguro que evitaría que el problema volviera a ocurrir, pero para la mayoría de nosotros es poco práctico. La solución más fácil sería comprobar regularmente el estado del coche y los neumáticos. Esto no te *garantizaría* que no volvieras a sufrir accidentes, pero disminuiría las probabilidades.

Si sigues este procedimiento regularmente, habrá veces en las que llegarás a la conclusión de que sólo hubieras podido evitar ciertos problemas haciendo cosas ridículas o poco razonables. No descartes de inmediato esas ideas. Aunque decidas no dar un paso drástico que te evitaría algún problema específico, al menos sabrás que te has arriesgado al *no* darlo. Ser consciente de esto te hace estar mejor preparado si *ocurren* los problemas.

AFIRMACIONES

— *Soy totalmente responsable de mi vida.*

— *Tengo el control de mi vida.*

— *Acepto toda la responsabilidad de mi vida y mi bienestar.*

— *Dejo de culpar a los demás y resuelvo mis problemas comprendiendo qué papel he desempeñado yo en su creación.*

— *Tengo el control absoluto sobre mi vida y mis asuntos.*

— *Soy responsable de todo lo que hago, digo o pienso.*

— *Acepto las consecuencias de mis acciones.*

— *Acepto la responsabilidad de mis errores y problemas.*

— *Soy inevitablemente responsable de todo lo que hago.*

— *Considero cada problema como una oportunidad para mejorar mi calidad de vida.*

— *Si tengo problemas, ocurren porque todavía tengo cosas que aprender.*

— *Puedo mejorar mi vida permanentemente descubriendo cómo causo mis problemas.*

16 Idolatrar

CREENCIA ERRÓNEA:
*Debo idolatrar a ciertas personas
porque son mejores que yo.*

Creemos que tenemos que admirar o respetar a ciertas personas porque las consideramos de algún modo superiores a nosotros. Admiramos a aquellos que trabajan como médicos, abogados o en profesiones por el estilo. Respetamos a los clérigos porque creemos que son moralmente superiores. Valoramos a los políticos por su poder. Idealizamos a estrellas mediáticas y deportistas por sus habilidades. Respetamos a aquellos que creemos que están por encima de nosotros en algún aspecto, que parecen más listos, mejor educados, más ricos o que tienen una posición social más «alta».

En parte, hemos desarrollado esta actitud porque nuestros padres hicieron que respetáramos a la gente que ellos admiraban.

También, porque cuando éramos niños nos sentíamos tan indefensos que cualquiera más alto o más fuerte parecía digno de toda reverencia. Y, por último, aceptábamos esta creencia porque la gente que nosotros respetábamos y honrábamos no la cuestionaba. Muchos, con sus propios problemas de autoestima, absorbían nuestro aplauso como una esponja. Al aceptar nuestra admiración de forma tan natural, hacían que pareciera que eso era lo normal. Su posición o los halagos los colocaban en una situación especial que los separaba de los demás. Si nosotros estábamos dispuestos a ofrecerles halagos, ellos no iban a rechazarlos.

Cómo nos afecta idolatrar

Nuestra manera de actuar cuando creemos que alguien está por encima de nosotros depende de nuestro grado de autoestima. Hay quienes creen que el estar por debajo de alguien es una situación puramente transitoria. Piensan que con el tiempo suficiente, igualarán o superarán a aquellos que ahora les parecen superiores. Otros, atentos observadores del comportamiento humano, se convencen lenta y a veces dolorosamente de que sus ídolos son de carne y hueso como los demás. Los que nos tenemos en tan baja consideración como para no cuestionarnos esta idea equivocada corremos el peligro de continuar una inútil y desmoralizante adoración toda nuestra vida.

Su efecto en nuestra autoestima

¿Cómo afecta a nuestra autoestima creer que cierta gente está perpetuamente «por encima» de nosotros? Pues dañándola, como no podría ser de otra manera. Al dar por sentada la superioridad de otros como un hecho, nos ponemos en situación de entablar una *relación desigual* con ellos. Reconocemos que tienen algo que nosotros no poseemos y nos parece que les debemos respeto por ello.

Al infravalorarnos así continuamente, nos convertimos en ciudadanos de segunda. Si creemos que otros son más importantes es porque nosotros debemos de ser insignificantes. Si pensamos que ellos son superiores, deducimos que nosotros somos inferiores. Si los consideramos más listos, nos sentimos más ignorantes. Si creemos que ellos son hábiles, nos consideramos ineptos.

No podemos idolatrar a alguien a menos que creamos que somos inferiores. Es como los balancines donde jugábamos de niños. Sólo podíamos elevar al del otro extremo poniéndonos por debajo. Mientras creamos que hay gente a la que debamos «admirar», seguiremos hundiéndonos.

Las diferencias entre nosotros

¿Por qué habría de estar mal este criterio para juzgar a la gente o para determinar su valor? ¿Por qué su riqueza, cualidades u ocupaciones los separan del resto de nosotros?

Es cierto que hay gente que destaca porque son superiores en algo. Pero estas distinciones no constituyen un criterio adecuado para juzgar la valía humana de nadie. El trabajo, la educación, la situación económica, el talento, las habilidades y la posición social son baremos artificiales que nosotros y otros como nosotros hemos creado y refrendado como legítimos. Al usarlos para juzgarnos a nosotros y a los demás damos por hecho que la valía humana puede medirse con atributos externos, cuando no es cierto.

Todos merecemos el mismo respeto

No se trata de que la gente a la que nos referimos no *merezca* respeto. Por supuesto que sí. La cuestión es que todos merecemos el mismo respeto y nadie más que los demás. Aunque distinciones externas como las habilidades, la posición o títulos pueden hacer a la gente *diferente* a nosotros, no los hace *mejores* o más dignos de respeto que nosotros. No importa lo diferentes que seamos por fuera, todos somos iguales por *dentro*.

CONTRACREENCIA:
*Tengo tanta valía intrínseca como cualquiera
y merezco el mismo respeto.*

Decir adiós es un dolor tan dulce...

Abandonar nuestras imágenes idealizadas de determinada gente implica cierto grado de tristeza y resistencia. No importa lo idealizados que los tengamos, las personas que siempre hemos considerado «superiores» son simplemente seres humanos. Comen, beben y duermen como nosotros. Hacen las mismas cosas en el cuarto de baño. Igual que nosotros, se resfrían, expulsan mucosidad o gases y, a veces, pueden ser desagradables, torpes y tontos.

Aunque una actitud de devota admiración puede ser aceptable en un niño, no es propia de un adulto. Las personas maduras no idolatran ni desprecian a nadie, porque en términos de valía humana, todos somos iguales.

AUMENTA TU CONCIENCIA

1) Haz una lista de gente que admiras en tu libreta. Escribe los nombres y el motivo por el que crees que son superiores a ti. No tienen que ser explicaciones muy exhaustivas, sólo que sirvan de recordatorio. Si por ejemplo es un profesor, pon «su educación»; si es médico, «sus conocimientos de medicina»; si es adinerado, «su riqueza», o si es miembro del clero, «su actitud tan altruista». (Dado que recibimos mensajes tan diferentes en nuestra vida, puede que descubras que admiras cualidades contradictorias como riqueza y altruismo, o poder y humildad.)

Cuando completes la lista piensa en la primera persona y la cualidad o rasgo que admiras. Entonces pregúntate: «¿Que sea diferente a mí en este aspecto la hace superior a mí o sólo diferente?». Sigue el mismo proceso con cada nombre y repítelo diariamente durante al menos una semana. Cuando transcurran esos siete días, revisa tus afirmaciones anteriores. ¿Te parecen tan válidas como antes?

2) Si te apetece hacer un poco de detective, escribe en otra hoja los nombres de la primera lista, dejando una línea en blanco tras cada uno de ellos. Ahí escribe quién te dijo primeramente que admiraras a esa persona. Una vez que hayas recordado eso, pregúntate: «¿La persona que me lo dijo tenía razón siempre?». Según tu respuesta, escribe: «Esta persona siempre tenía razón» o «Esta persona se equivocaba a veces y pudo equivocarse en esto» tras su nombre.

AFIRMACIONES

— *Valgo como persona tanto como cualquiera en este planeta.*

— *Todas las personas, incluido yo, merecemos el mismo respeto.*

— *Altos cargos, títulos, estudios o logros no suman ni restan valor ni importancia a nadie.*

— *No hay persona inherentemente más valiosa o más merecedora de respeto que otra, incluido yo mismo.*

— *Me honro y me respeto igual que a los demás.*

— *Nadie es superior a nadie por sus logros.*

— *No importa lo diferentes que seamos externamente; en términos de valía personal, todos somos iguales.*

— *No admiro ni desprecio a nadie: todos somos iguales.*

— *A pesar de títulos o posiciones, nadie está por encima ni por debajo de mí.*

— *Nadie es más o menos importante que yo.*

17 Las creencias religiosas

«La mejor arma contra cualquier tipo de error es la Razón. Nunca he usado otras, y confío en que nunca lo haré».

THOMAS PAINE

«El compromiso irrevocable con cualquier religión no es sólo un suicidio intelectual. Es definitivamente falta de fe, porque cierra la mente a cualquier otra visión del mundo. La fe es, ante todo, tener la mente abierta: un acto de confianza en lo desconocido»

ALAN WATTS

CREENCIA ERRÓNEA:
Dios puede ofenderse si cuestiono cualquier creencia religiosa.

La exactitud de nuestras creencias religiosas

No nos atrevemos a cuestionar nuestras creencias espirituales

Aunque consideramos muchos aspectos de nuestra vida cuestionables, normalmente nuestras creencias religiosas no se encuentran entre ellos. Discutir o incluso pensar sobre materias espirituales hace que muchos nos sintamos incómodos o nos asustemos porque les profesamos una veneración casi supersticiosa. Para algunos de nosotros *plantearnos* siquiera el cuestionar nuestras creencias religiosas nos parece sacrílego. Tememos que Dios pueda ofenderse o enfadarse y que nos castigue si somos tan irreverentes como para cuestionar si lo que se nos ha dicho es la palabra de Dios.

No adoptamos esta actitud por nosotros mismos. Lo habitual es que nos la hayan inculcado los responsables de nuestra educación religiosa. Aunque se nos ha animado a aplicar la lógica a casi todas las cosas, se nos ha dicho que nos olvidemos de ella cuando de religión se trata. Es como si Dios hubiera dicho en algún momento: «Bueno, aplicad la lógica a todo lo *demás* que queráis, pero no lo intentéis con los temas espirituales. Me ofenderá y enfadará mucho que siquiera se os *ocurra* afrontarlos racionalmente».

Las creencias se nos presentaron como hechos

A menos que hayamos crecido en una familia excepcional, las creencias religiosas no se nos han presentado como materias abiertas a discusión, sino como hechos consumados. Si las aceptábamos no era porque tuvieran sentido, porque parecieran ciertas o aplicables en la práctica. Era porque los que nos educaron nos pusieron de manifiesto que esperaban que las aceptáramos, pues de lo contrario cometeríamos pecados graves e imperdonables.

Como resultado, hemos aceptado ciertas creencias sobre cuestiones espirituales no porque *sepamos* que son ciertas o porque sean lógicas o razonables, sino simplemente porque otros nos dijeron que eran ciertas o nos convencieron de que lo mejor era adoptarlas. Lo peor de esto es que la gente que nos aseguró que estas cosas eran ciertas no lo sabía por propia experiencia. Lo único que pueden hacer es afirmar que determinadas creencias son ciertas porque lo ha dicho gente a la que se lo había dicho otra gente, a la que *también* se lo había dicho otra gente y siempre así. En otras palabras, en cuanto a la validez de algunas creencias religiosas *no hay nadie vivo que sepa seguro que son ciertas*. A pesar de la insistencia de la gente en la veracidad de sus creencias religiosas, no pueden demostrarla con la más mínima prueba.

Hay un juego típico de las fiestas que se llama entre otros nombres «el teléfono averiado». Alguien piensa una frase y se la susurra al oído al siguiente. Se repite este proceso hasta que se llega al final de la línea. Entonces el último dice lo que cree que ha oído, y el que lo pensó repite el mensaje original, para que todos sepan lo que dijo el primero. El primer y el último mensaje suelen ser muy diferentes.

El objeto de la referencia a este juego es ilustrar qué sucede cuando la información se transmite de persona a persona incluso durante un breve espacio de tiempo. Esto no quiere decir que alguna religión sea incorrecta porque se haya transmitido de esta manera. Sólo pone de relieve que por mucho cuidado que se tenga a la hora de transmitir, el margen de error es grande.

Cómo afectan a nuestra autoestima las creencias religiosas

En su interesante estudio *El hombre, el manipulador*, el psicólogo Everett Shostrom define una religión manipuladora (y por tanto dañina) como aquella que «aumenta la incapacidad del hombre para confiar en su propia naturaleza. Si no puede confiar en su propia naturaleza, necesita algún sistema religioso externo… El papel [de este tipo de religión] es que el hombre siga siendo como un niño indefenso que necesita constantemente la ayuda de curas y sacerdotes».

Si tenemos en cuenta la gran variedad de religiones, los diversos nombres, credos, sectas y formas de culto que existen, y las creencias tan diferentes y a menudo contradictorias que predican, es inevitable que algunas tengan un mejor efecto en nuestra auto-estima que otras.

Teniendo esto en cuenta, veamos cómo nos afectan los distintos tipos de creencias.

Una creencia afecta negativamente a nuestra autoestima si:

— Nos induce a rezarle a un Dios que es menos comprensivo y compasivo de lo que somos nosotros.

— Nos hace experimentar emociones negativas, como culpa, miedo o ira, o nos hace pensar mal de nosotros o de otros por cualquier motivo.

— Nos enseña que somos malos y pecadores por el mero hecho de llegar a este mundo. Algunos de los que se consideran inferiores intentan cargarnos con los mismos sentimientos de pecado y vergüenza que experimentan ellos. Si estamos faltos de autoestima, podemos imbuirnos de sus creencias y adoptar una fe que representa a Dios como duro, exigente y casi imposible de satisfacer. Si nos consideramos esencialmente malos e inútiles, no nos parecerá raro adorar a una deidad que administra los castigos que creemos merecer.

— Nos permite desvincularnos de la responsabilidad de nuestras acciones y achacarlas a poderes o fuerzas externas a nosotros. Es tentador creer que las heridas, enfermedades y problemas los causan fuerzas externas porque nos evita tener que responder por ellos. Si creemos que es así, la vida nos parecerá caótica e impredecible, y por tanto nos sentiremos víctimas.

— Nos hace pensar que el mundo es un sitio maligno y pospone disfrutar de la vida presente con la esperanza de recompensas mejores tras la muerte. Los que tienen la certidumbre de que el único objetivo de la vida es aprobarnos o suspendernos para recompensas futuras intentan convencernos de que es así. Si se lo permitimos, no conseguiremos vivir el día a día con plenitud.

— Si nos dice que no debemos cuestionar los designios de Dios o que somos incapaces de entender Sus motivos. Si atribuimos todo lo que no entendemos a «la voluntad de Dios», no intentaremos descubrir las verdaderas causas de ciertos hechos. Si esta actitud fuera la común, la humanidad habría progresado poco en la lucha contra la enfermedad, el hambre y la ignorancia durante los pasados siglos.

— Nos dice que necesitamos un intermediario que se acerque a Dios de nuestra parte porque nosotros no somos dignos. Los que quieren que lo creamos suelen tener intereses ocultos en la materia porque *ellos* son los intermediarios a los que nos obligan a recurrir. Podemos vernos atrapados en esta creencia si tenemos una mala imagen de nosotros mismos porque nos consideramos inadecuados. No fue el Ser Supremo quien implantó esta idea, no obstante. Fue *el hombre*.

— Nos dice que condenemos a los demás porque son «diferentes» de algún modo. Las creencias de este tipo animan a la intolerancia primero hacia los demás, *pero al final hacia nosotros mismos.*

— Nos convence de que somos superiores a los demás porque sus creencias religiosas son diferentes de las nuestras. Nadie se beneficia de jugar al «mi Dios es mejor que el tuyo». Es patéticamente fácil convencernos de que somos «superiores» a los demás cuando creamos nuestra definición del término.

Una creencia afecta positivamente a nuestra autoestima si:

— Subraya que nuestra naturaleza es esencialmente buena y que somos aceptables y dignos de amor como somos, incluidos nuestros fallos.

— Nos anima a asumir la responsabilidad de todas nuestras acciones, *incluidos nuestros errores*. Si creemos que experimentaremos las consecuencias de todo lo que hagamos, intentaremos tomar decisiones que beneficien a los demás aparte de a nosotros.

— Nos enseña que todos somos igualmente dignos de respeto, sin importar lo diferentes que seamos unos de otros.

— Nos enseña que a los ojos de Dios, *ningún* pecado es imperdonable, y la clave para perdonar a los demás es aprender primero a perdonarnos a nosotros mismos.

— Nos dice que el mundo no es ni bueno ni malo sino como nosotros lo hagamos.

— Nos incita a actuar por iniciativa propia para conseguir nuestros objetivos, en lugar de esperar una intervención divina o sobrenatural.

— Nos proporciona un marco de referencia a través del que nos observamos a nosotros mismos, a los demás y al mundo. Las emociones de amor y felicidad que estimulan este tipo de creencias son buenas para nuestra autoestima y nuestra salud mental.

La importancia de la comprobación

Se nos ha dicho que debemos aceptar ciertas creencias religiosas mediante la fe. Pero ¿por qué? Sólo en el campo de la religión se espera que creamos tanto con tan pocas pruebas para confirmarlo.

Hay pocas dudas de que la fe incondicional es un requisito indispensable para abrazar muchas doctrinas religiosas porque es imposible que alguien pruebe que son ciertas.

¿Por qué deberíamos aceptar la palabra de otros? No es de sentido común ni psicológicamente sano aceptar algo como cierto sin cuestionarlo y sin verificación razonable. Las creencias religiosas, dado que muchas veces se ven invadidas por la superstición, deberían estar sometidas a una vigilancia aún más estrecha. No nos vale aceptar ciegamente lo que se nos dice, lo diga quien lo diga por muchos títulos que tenga. Cuando hablamos de materias espirituales, no sólo es nuestro derecho pedir pruebas, es nuestra *responsabilidad*. Cuando alguien nos pida que creamos algo, tenemos que preguntar: «¿Cómo sabes **tú** que es cierto?». No importa que quienes nos impelan a aceptar ciertas cosas crean en ellas sinceramente, porque la sinceridad nunca ha sido prueba de certeza.

La duda y el escepticismo son saludables

Es perfectamente razonable dudar de lo que creen todos los otros, incluso en lo referente a materias religiosas. Cuando algo es cierto, no puede resultar dañado por ninguna duda. Si no fuera por los que dudaron, bien porque veían las cosas de otra manera o porque no aceptaban sin reservas aquello que todos los demás daban por cierto, no tendríamos gran variedad de religiones.

¿Qué tienen en común Martin Luther King, John Wesley, Mary Baker Eddy, Mahoma, Buda y Jesús? El hecho de que todos dudaban, insatisfechos con el statu quo religioso de su época y que, *debido* a sus dudas, acabaron revitalizando la religión en vez de dañarla. Especialmente Martin Luther debió de tener bastantes dudas sobre su derecho a cuestionar las doctrinas religiosas existentes. ¿Sería realmente posible, debió de preguntarse, que fuera *él* el único hombre de la Cristiandad que estaba en lo cierto, y los demás estuvieran equivocados?

CONTRACREENCIA:

Un honesto escepticismo es menos propenso a ofender al Creador que la negativa a usar nuestra capacidad racional para distinguir entre lo verdadero y lo falso.

No hay motivo para relegar el uso de nuestro juicio y capacidades racionales para examinar ideas sobre la religión. La Inteligencia que nos creó nos otorgó unas notables facultades mentales, y no hay nada que nos indique que tengamos que hacer *ninguna* excepción, *se trate del tema que se trate*, a la hora de realizar un minucioso escrutinio mediante esas habilidades. No se nos bendijo con las magníficas capacidades de razonamiento sólo para que las olvidemos en las cuestiones del espíritu. Cada área de nuestra vida debería estar abierta a examen. Hacer intocables algunas creencias por considerarlas demasiado sagradas para cuestionarlas es vivir en una ignorancia innecesaria y autoimpuesta y cerrar intencionadamente los ojos a la verdad.

Es mejor ser como Ralph Waldo Emerson, que dijo:

> «Aquel que desee conseguir los laureles de la inmortalidad, no debe detenerse ante el nombre del bien, sino que debe explorar si se trata del bien. Nada es sagrado salvo la integridad de tu propia mente».

AFIRMACIONES

— *Tengo derecho a dudar de lo que quiera.*

— *Mantengo un sano escepticismo para asegurarme de que lo que creo es cierto.*

— *Acepto toda la responsabilidad por mis acciones, en lugar de echarle la culpa a alguien o algo ajeno a mí.*

— *Aplico mi inteligencia y capacidad de raciocinio a todos los aspectos de mi vida.*

— *Tengo una mente abierta en todas las materias.*

— *No acepto todo lo que me dicen los demás sólo porque insistan en que es cierto.*

— *Me reservo el derecho a tomar mis propias decisiones en cualquier asunto, sea cual sea su naturaleza.*

— *Rechazo todos los intentos de hacerme creer que soy inherentemente malo o pecador.*

 # Ayudar a los demás

«*No deberías guiarte por tus propias ideas de
lo que es bueno para los demás. Aquel que
dice saber lo que es bueno para los demás es
peligroso*».

NISARGADATTA MAHARAJ

CREENCIA ERRÓNEA:
*Es mi obligación ayudar a la gente que
parece incapaz de cuidar de sí misma.*

No hay nada malo en ayudar a los demás en sus problemas.
De hecho, hay muchos motivos por los que *deberíamos* ayudarlos. En
principio, la idea de echar una mano al prójimo parece encomiable.
Pero ¿de verdad lo es? Cuando nos dedicamos a resolver sus pro-
blemas, ¿los estamos ayudando realmente o nos estamos engañan-
do a nosotros mismos y dañándolos a ellos en el proceso? Es reco-
mendable ayudar a los discapacitados físicos o psíquicos, o a los
demasiado inexpertos por su juventud o débiles por su avanzada
edad. Incluso los más preparados entre nosotros necesitamos ayu-
da de vez en cuando ante problemas inesperados. A pesar de nues-
tras buenas intenciones, sin embargo, ayudar a los demás puede ser

destructivo, tanto para ellos como para nosotros. A menudo la gente usa nuestro comportamiento compasivo como excusa para continuar con el que a ellos les causó el problema.

Algunos abusan de nuestra predisposición a ayudar

La mayoría de los problemas no aparecen de forma misteriosa sin motivo alguno, sino que los causa la gente, normalmente con un comportamiento poco sagaz. Una cosa es hacer algo sin saber las consecuencias, pero otra bien diferente es conocerlas y hacerlo de todos modos. Idealmente, cuando alguien entiende cómo se busca los problemas, empezará a tomar las medidas correctas y dejará de tenerlos. A veces, no obstante, los que demandan nuestra ayuda no muestran gran interés en evitar que sus problemas se repitan, ni siquiera en resolverlos. ¿Por qué deberían hacerlo, si es mucho más fácil cargárnoslos a nosotros?

¿Por qué confían tanto en nosotros los demás para solucionar sus problemas? Porque la gente que recibe ayuda constantemente se acaba acostumbrando a ella. Empiezan a creer que es su derecho y llegan a esperarlo de los amigos, de la familia, del gobierno o de organizaciones sociales. Mientras puedan convencer a otros de que les resuelvan las dificultades, los problemas dejan de serlo para ellos. Les va estupendamente, gracias, manipulando a los demás para que se ocupen de ellos.

Ayudar puede incitar a la dependencia

Se nos ha enseñado a ayudar a los demás
Se nos insistió desde muy jóvenes en que era nuestro deber ayudar a los demás. Así que cuando alguien tiene un problema,

estamos acostumbrados a sentir pena por él y preguntarle si podemos ayudar de alguna manera. Cuando la gente parece indefensa, se supone que nosotros tenemos que responder por ellos. Si tienen problemas económicos, deberíamos estar dispuestos a prestarles dinero. Cuando están deprimidos, es responsabilidad nuestra animarlos. Si tienen que tomar una decisión difícil, es nuestra obligación aconsejarles. Cuando se les acaban los recursos, se supone que nosotros debemos dejarles los nuestros. Si alguien los fastidia, se supone que nosotros tenemos que dar la cara y defenderlos. En resumen, debemos estar dispuestos a remediar los defectos de los demás aunque nos cueste algo a nosotros. Por muy noble que esto pueda parecer, caer en ello puede tener un efecto nocivo en todos los implicados.

Codependencia

La gente que disfruta sintiendo que los demás recurren a ellos entran a veces en una relación con una persona a la que le gusta que la cuiden, creando una unión llamada *codependencia*. Para que este tipo de acuerdo funcione, la parte «fuerte» debe sentirse bien consigo misma resolviendo los problemas del otro. El miembro «débil» del equipo debe aparecer indefenso y desamparado, para que el miembro «fuerte» pueda llegar, rescatarlo o rescatarla y hacer que todo esté bien otra vez.

Esto puede que parezca una relación ideal porque los participantes tienen que encajar tan bien como las piezas de un puzzle. En realidad, este tipo de relación daña a todos los involucrados. Aunque un actor de la obra parece más fuerte que el otro, de hecho los *dos* son débiles. Quien confía en algo o alguien exterior para conseguir sentimientos de valía personal es tan dependiente como el que no parece capaz de solucionar sus propios problemas.

Cómo ayudar puede dañar nuestra autoestima

La ayuda innecesaria puede disminuir la autoestima del otro

A menos que seamos adultos tomando decisiones por unos niños, es arrogante pensar que sabemos lo que les conviene a los demás. Cuando irrumpimos en los problemas de alguien y actuamos de parachoques entre ellos y la realidad, nuestros bienintencionados esfuerzos hacen más mal que bien. Cuando los cuidamos, emitimos el mensaje implícito de que son ineptos e incapaces de cuidar de sí mismos. Los sentimientos de inutilidad que esto genera dañan aún más su ya de por sí frágil autoestima y refuerzan su creencia de que son inútiles e incapaces de resolver sus problemas.

Los problemas sirven para algo

Hasta cierto punto, los sentimientos de valía de una persona dependen de su capacidad no sólo de resolver problemas, sino también de evitar crearlos. Cuando se los solucionamos, les impedimos desarrollar sus propias técnicas de resolución de problemas. Al suavizar las consecuencias de sus acciones, les negamos importantísimas oportunidades de aprender de sus errores. A menos que les demos a los otros la oportunidad de experimentar de primera mano las consecuencias de sus equivocaciones, seguirán comportándose con poca inteligencia, y se causarán más problemas en el futuro. Sólo afrontando directamente sus problemas, puede ver la gente el papel que desempeñaron ellos en crearlos y, al hacerlo, aprender a evitar causarse los mismos en el futuro. Antes o después la gente que se *mete* en líos tiene que aprender a *salir* de ellos. Cuanto antes se les permita hacerlo, mejor para todos.

Al ayudar a los demás, mantenemos la dependencia e incitamos a creer en la fantasía. Les permitimos pensar que la ley de causa y efecto no se aplica a ellos, que es posible tenerlo todo gratis o hacer lo que quieran sin tener que pagar por ello. Mientras les permitamos mantener esa ilusión de que siempre habrá alguien por ahí listo para sacarlos de los apuros, tendrán pocos incentivos para madurar y desarrollar sus propias técnicas de solución de problemas.

Nuestra bienintencionada interferencia en sus asuntos les da una falsa sensación de seguridad. Les permite posponer, pero no evitar, lo inevitable. Nadie puede evitar las consecuencias de sus acciones (o inacciones) indefinidamente. Por desgracia, la incapacidad o falta de voluntad para resolver sus problemas ahora es muy probable que les cause otros mayores en el futuro. Cuando al fin se vean obligados a afrontar la vida por sí mismos, estarán mental y emocionalmente poco preparados para hacerlo.

Ayudar a los demás puede dañar nuestra autoestima

Resulta fácil caer en la trampa de la dependencia, sentirnos bien con nosotros mismos por ayudar a otros. Primero, porque hay personas que están dispuestas a aceptar toda la ayuda que les demos, por poco que la necesiten. Segundo, como nuestro gobierno y nuestra sociedad refuerzan la dependencia, nos parece tan normal que pensamos poco en ello.

Una relación de dependencia entre adultos es poco sana y daña inevitablemente la autoestima. Puede hacer que basemos nuestros buenos sentimientos hacia nosotros mismos en nuestros servicios a otros, como si la autoestima fuera algo que nos tenemos que ganar, en lugar de un derecho desde que nacemos. Además, los buenos sentimientos que conseguimos ayudando a los demás son sólo temporales y tienen que ser reforzados continuamente. Si nos sentimos bien cuando ayudamos a otras personas, ¿cómo nos sentiremos cuando seamos los que *necesitemos* ayuda, en vez de los que la dan?

La verdad de fondo es que algunos de nosotros no *queremos* ayudar a los que sólo necesitan aprender a ayudarse a sí mismos. Pero por nuestra educación nos resulta difícil ignorar las peticiones de los demás, aunque seamos conscientes de que necesitan ayuda sólo por su propia indiferencia. Demasiado a menudo nuestro entrenamiento temprano se impone y nos convence de que tenemos la obligación moral de ayudar, y que deberíamos sentirnos culpables si no lo hiciéramos. Entonces, como sentimos que se nos ha presionado para hacer algo que no queremos hacer, nos sentimos manipulados y resentidos. Así que nos perdemos un poco el respeto porque *sabemos* que nos están imponiendo algo, pero no cómo evitarlo.

Cómo evitar la ayuda por dependencia

¿Qué pasa con aquellos de nosotros que queremos evitar la dependencia? La única solución es definir un patrón de ayuda. Si no, será difícil saber cuándo estamos ayudando a alguien o cuándo estamos evitando que se busquen sus propias soluciones. Si estamos seguros de que ayudamos a alguien que no puede obtener algo por sus propios medios, podemos estar contentos de darla, igual que habríamos de estarlo si fuéramos el que la recibe. La compasión, la comprensión y la capacidad de imaginarte en el lugar de otro son parte de una buena autoestima. Estas características nos permiten dar ayuda gratuita y realmente útil a aquellos que por motivos ajenos a su voluntad no se pueden ayudar.

No es trabajo nuestro eliminar todos los obstáculos de las vidas de otras personas, están ahí por alguna razón. Tampoco es nuestro deber ayudar a los demás intentando compensar lo que nosotros creemos que son sus deficiencias, ni es responsabilidad nuestra crear una interminable ronda de ayudas, ya sea de tiempo, energía o recursos a gente a la que sólo le falta la voluntad, no la capacidad, de ayudarse a sí mismos. No hay razón para sentir compasión por alguien que tiene los conocimientos y la capacidad de cambiar su situación pero elige no hacerlo.

CONTRACREENCIA:
No tengo ninguna obligación de ayudar a los que son
capaces de cuidar de sí mismos.

Es asunto nuestro «destetar» a los que dependen de nuestra ayuda sin necesitarlo. Retirarles la ayuda puede parecer despiadado, pero a pesar de las apariencias es lo más amable que podemos hacer. Puede que nos engorde el ego ayudar a los demás, pero cuando las personas pueden valerse por sí mismas, no las beneficiamos actuando de esta manera, las *dañamos*. Hasta que nos neguemos a seguir ayudándolas, vivirán de forma poco realista, causando problemas y esperando que se los resolvamos nosotros. ¿Y por qué no? Mientras las sigamos premiando con nuestro apoyo, no tienen incentivo para cambiar su comportamiento.

Cómo podemos ayudar a los demás

Existen muchas formas de ayudar a los demás sin hacer cosas que pueden y deben realizar por sí mismos. Podemos enseñarles cómo resolver sus problemas, en lugar de solucionárselos nosotros. Podemos ayudarlos a aprender a cuidar de sí mismos apoyándolos para que desarrollen sus propias destrezas y habilidades. Podemos dejar de proteger a gente que es perfectamente capaz de cuidar de sí misma. Podemos evitar que la dependencia sea fácil dejando de dar excusas para que así sea. Podemos darles amor y ánimo y mostrarles reconocimiento por sus logros. Y, por último, podemos demostrarles el valor de la autosuficiencia con el mejor ejemplo de todos, nuestra vida.

Tenemos que ser muy conscientes de la diferencia entre el tipo de ayuda que hace a alguien más fuerte y el que refuerza la dependencia. Cuando amemos a alguien, no haremos lo que nos haga sentir mejor a *nosotros* a menos que también sea lo mejor para ellos a largo plazo. Si realmente queremos a los demás y no sólo jugar a las dependencias, no les negaremos la oportunidad de pensar y actuar por sí mismos. Es una prueba de amor mayor que dejemos de solucionar sus problemas y que les demos la oportunidad de madurar corrigiendo sus propios errores.

Cuando nos tiente proteger a alguien de las consecuencias de sus acciones, tenemos que recordar que nadie nos ha otorgado el derecho de decidir que no se les ha de permitir aprender de sus errores. A menos que dejemos que la gente cultive su confianza en sí mismos, no les brindaremos ayuda real o duradera. La verdadera compasión no es sólo aliviar el sufrimiento de los demás, sino también enseñarles cómo eliminarlo. Al final, la ayuda más beneficiosa que podemos prestarles no es nuestra asistencia continua, sino la libertad de crecer y desarrollarse por sí mismos.

AUMENTA TU CONCIENCIA

(Recuerda que estas preguntas no están hechas con la intención de convencerte de que dejes de ayudar a aquellos que realmente lo necesitan: la gente mayor, los jóvenes, discapacitados físicos y mentales, los que tienen problemas por causas ajenas a su voluntad o aquellos que son legalmente tu responsabilidad.)

A continuación veremos una serie de preguntas que te ayudarán a decidir, caso por caso, si es buena idea ayudar a los demás. Puedes aplicarlas cuando tengas dudas sobre tus motivos para ayudar. Para usarlas escribe «ayuda o daño» al principio de un folio. Escribe los números del 1 al 9 en el margen izquierdo. Ahora pregúntate las cuestiones siguientes y pon «S» si es «sí» o «N» si es «no» junto al número correspondiente.

1) ¿Te sientes mejor persona ayudando a los demás?

2) ¿Te gusta sentir que te necesitan y que dependen de ti?

3) ¿Si vieras a otra persona dando el mismo tipo de ayuda que tú, lo verías poco inteligente?

4) ¿Has ayudado a esta persona con éste u otro problema similar en el pasado?

5) ¿La persona que te pide ayuda parece necesitarla a menudo?

6) ¿Puede tu ayuda reforzar la dependencia de esa persona?

7) ¿Puede tu ayuda dañar a esa persona a largo plazo?

8) ¿Sería mejor que aprendiera esto por sí mismo?

9) ¿Ayudas a esa persona porque tienes miedo de que se enfade o piense mal de ti si no lo haces?

Si tienes más «no» que «sí», tu intención de ayudar será genuina más que un sentimiento equivocado. Por otro lado, si hay más «sí» puede que tengas que pensártelo dos veces.

AFIRMACIONES

— No tengo que anteponer las necesidades de los demás a las mías.

— Permito a los demás que aprendan de sus errores.

— Ayudo a los que son incapaces de ayudarse a sí mismos.

— Animo a los demás a que sean independientes si pueden cuidar de sí mismos.

— Animo a los demás a que crezcan y maduren.

— Me resisto a ayudar a aquellos que pueden ayudarse a sí mismos.

— Apoyo las decisiones de los demás cuando deciden apoyarse a sí mismos.

— Evito hacer cosas que la gente puede hacer por sí misma.

— Muestro mi amor hacia los demás permitiéndoles asumir la responsabilidad de sus vidas.

Epílogo

Ahora que has leído *Máxima autoestima*, te pido que hagas algo más: dedica unos minutos a pensar lo agradable que sería tu vida si pusieras estos principios en práctica. Es cierto que solucionar ciertos problemas requiere bastante esfuerzo. También es cierto que no es un proceso rápido. Pero no me cabe ninguna duda de que el tiempo y el esfuerzo que yo empleé merecieron la pena. Me proporcionaron una felicidad y una paz mental que no podría haber conseguido de otra manera. Si pudiera compartir contigo cómo me siento ahora, sabrías a lo que me refiero. Como no puedo, espero que este libro al menos te dé una idea.

Me despido con la última afirmación, que te animo a que te repitas cada día:

«Haré lo que pueda para mejorar mi autoestima».

Bibliografía

Bibliografía y lista de lecturas recomendadas

Anthony, Dr. Robert, *The Ultimate Secrets of Total Self-Confidence,* New York: Berkley Books, 1979.

Barksdale, L. S., *Essays on Self-Esteem*, Idyllwild, CA: The Barksdale Foundation, 1977.

Beck, Charlotte Joko, *Zen ahora*, José J. de Olañeta, 1998.

Beck, Deva, R. N. y James Beck, R. N., *The Pleasure Connection: How Endorphins Affect Our Health and Happiness*, San Marcos, CA: Sinthesis Press, 1987.

Beecher, Willard y Marguerite, *Beyond Success and Failure: Ways to Self-Reliance and Maturity*, New York: Pocket Books, 1971.

Benson, Herbert, M. D., *El poder de la mente*, Ed. Grijalbo, 1997.

Branden, Nathaniel, *Cómo mejorar su autoestima.*

Briggs, Dorothy, *Celebrate Yourself*, Garden City, NY: Doubleday and Company, 1977.

Dyers, Dr. Wayne W., *Tus zonas erróneas*, Ed. Grijalbo, 1997. *Pulling Your Own Strings*, New York: Avon Books, 1979. *El cielo es el límite*, Ed. Grijalbo, 1993.

Ellis, Dr. Albert, *Razón y Emoción en Psicoterapia*, Ed. Desclée de Brouwer, S.A., 1998.

Gawain, Shakti, *Visualización creativa*, Ed. Sirio, 1990.

Justice, Blair, *Who Gets Sick*, Los Angeles, Jeremy P. Tarcher, Inc., 1988.

Kohn, Alfie, *No Contest: The Case Against Competition*, Boston: Houghton Mifflin Company, 1986.

Kranzler, Gerald, *You Can Change How You Feel: A Rational-Emotive Approach*, Eugene, OR: RETC Press, 1974.

Langer, **Ellen J.**, *Cómo obtener una mentalidad abierta*.

Maslow, Abraham, *Hacia una psicología del ser.*

Maultsby, Maxie, *Coping Better... Anytime, Anywhere*, New York: Prentice Hall Press, 1986.

McKay, Matthew y Patrick Fanning, *Cree en ti, despierta tu autoestima*, Ed. Robinbook, S.L., 2000.

Miller, Angelyn, *The Enabler: When Helping Harms The Ones You Love*, Claremont, CA: Hunter House, 1988.

Missildine, W. Hugh, *Your Inner Child of the Past*, New York: Pocket Books, 1963.

Paine, Thomas, *The Age of Reason*, Baltimore, MD: Ottenheimer.

Schuller, Robert H., *Self-Esteem: The New Reformation*, Waco, TX: Word Books, 1982.

Seligman, Martin, *Learned Optimism*, New York: Borzoi Books, Alfred A. Knopf, Inc., 1991.

Smith, Manuel J., *Cuando digo no, me siento culpable*, Ed. Grijalbo, 1995.

Índice